橋口昌治・肥下彰男・伊田広行 著

〈働く〉ときの完全装備

15歳から学ぶ労働者の権利

解放出版社

はじめに

「先生、僕はもうダメです。先生に会いに行く交通費もありません」。悲鳴にも似たメールが卒業生から届きました。今から思えば、本書を共に執筆することになった関西非正規等労働組合「ユニオンぼちぼち」のメンバーと出会わせてくれたのは卒業生の彼の存在であったといえます。

高校時代の彼は何事にもとにかく真面目に取り組む生徒でした。在学中に母親を亡くしたあともしっかりと自分の進むべき道を歩み、私を含めた周りの多くの人たちに影響を与えてくれた生徒でした。卒業後もいろんな面で彼に支えられてきたのはむしろ私のほうでした。

彼は大学卒業後、地元でいったんは就職するも人間関係のもつれから退社することになり、その後人材派遣会社で働いていました。しかし、その会社では違法な二重派遣が常態化し、経営者はいかに安い賃金で日雇い派遣の労働者をこき使い、そして賃金をピンハネして儲けるかに躍起になっていたそうです。「人を人と思っていない」会社に彼は耐えきれずに退社しました。しかし、その後も会社から嫌がらせを受け続け、彼は精神的にどんどん追いつめられていきました。私は、この状態が続けば、彼は「殺される」かもしれないと感じました。このような状況の彼を物心両面でサポートしていたのが、「ユニオンぼちぼち」のメンバーでした。彼のようにさまざまな理由で高校卒業（中退）後に、家族・企業（従来型の労働組合を含む）・地域からの支えを受けることができない若者を、ユニオンが労働相談だけでなく生活相談も含めてしっかりサポートしていることを知り、正直私自身のユニオンに対するイメージも大きく変わりました。

彼のように社会に押し潰されそうになっている若者が今の日本には無数にいるに違いない。連絡のとれていない卒業生や中途退学生徒のなかに、同じような状況に陥っていて、しかもどこに助けを求めていいかもわからない者もいるのではないか。在学中に、何を伝え、共に学んでおくべきだったのか。「学校」の果たせる役割とは何なのか。

この問題に対して、文部科学省が2004年に出した『キャリア教育の推進に関する総合的調査研究協力者会議報告書』には次のように書かれています。

「子どもたちは、卒業等によって学校を離れた後も、職業生活に関する様々な選択を迫られたり新たな方向に進路を求めたりする。その過程で、目標とする進路を達成できない場合も少なくない。事実、無職の若者やいわゆるフリーターには、安定した仕事に就きたいという気持ちを持ちながら、具体的にどう行動に移してよいか分からず、相談する相手もなく自分一人で悩んでいる場合も多い。

こうした事態が深刻なものとならないよう、キャリアを積み上げていく上で最低限持っていなければならない知識、例えば、労働者（アルバイター、パートタイマー等を含む）としての権利や義務、雇用契約の法的意味、求人情報の獲得方法、権利侵害等への対処方法、

相談機関等に関する情報や知識等を、子どもたちがしっかり習得できるようにすることが大切である。その際、現実の具体的な問題に即して学んでいくことが大切であることに留意し、事例等に詳しい関係機関の職員等を講師として招聘し実施できるようにすることが望まれる。また、こうした取組は、中学校卒業後すぐに就職する者や、高等学校を中途退学する者が少なからず存在する現状を踏まえ、それらの者がキャリアを形成していく上で極めて重要であることから、中学生あるいは高等学校１年生等の早い段階に実施する必要がある」

　ここに書かれている内容と本書の意図は重なる部分も多くあります。しかし、「こうした事態」はすでに深刻化し、「静かなる緊急事態」はさらに進行しつつあるのです。「中高生向けの労働法の本を書いてくれませんか」という企画が解放出版社から持ち込まれたときに、私は真っ先に「ユニオンぽちぽち」のメンバーと本を作ってみたいと思いました。ユニオンこそが、「現実の具体的な問題に即した事例などに詳しい関係機関」だと考えたからです。本書の教材、ロールプレイ編で取り上げられている事例のほとんどは、実際にユニオンに寄せられた相談事例などをもとに書かれています。

　また、たんなる「知識」としてではなく、現実の場面で実践的に使える内容にしたいとの思いで、教材は「ロールプレイ」を中心としています。「ドラマ教育」についての積み上げが不十分な日本においては、ロールプレイの手法を教育現場で活用することに二の足をふまれるかもしれません。しかし、学習者（生徒）がある問題に突きあたったときに、その問題解決に向けて、多様なアプローチが可能であることを知り、それを実際に体験できる最も有効な手法がロールプレイです。初めは、進行役（教師）が教室全体の前で、ある役割を演じる（ティーチャー・イン・ロール）ところから始め、学習者間で活動できるような流れをつくってほしいと思います。

　ワークシートには、学習者の内面の動きや学習者間での気づきを細かく書き込むようにはなっていませんが、学習の場ではぜひ「今、そこで起こっていること」をできるかぎり共有するようにしてください。また、学習時間の最後には必ず「振り返り」の時間を設けて、それぞれの学習者の気づきを次の学習の時間の最初に全体化するようにしてください。教材のワークシート②には、学習者が問題解決に向けてアサーティブに権利を主張するロールプレイを載せていますが、「私たちなら、このように主張する」という形に学習が発展していくことを期待しています。

　最後に、本書の出版にあたり、法律家の視点から内容をチェックしていただいた弁護士のみなさん、15歳（中学生）からを対象にすることにアドバイスをいただいた中学校の先生、本文イラストを描いてくださった清水美希さん、そして本書の企画から出版まで辛抱強く書き手を導いてくださった解放出版社の加藤登美子さんほか、ご協力いただいた方々に心から感謝の意を表したいと思います。ありがとうございました。

2010年7月　　　　　　　　　　　　　　　　　　　　　　　　　　　　　肥下彰男

改訂にあたって

　本書を出版してから6年が経ちました。本書の特徴は共著者であるお二人が「ユニオンぽちぽち」の活動をとおして得られた経験を教材に落とし込んでいることです。ロールプレイ編では団体交渉や生活保護申請の場面も設定するなど、とても実践的で多くの学校で活用されてきました。

　この6年間で、労働にかかわる2つの新たな動きがありました。一つは「パートタイム労働法」「労働契約法」「労働者派遣法」などの労働法の改訂であり、非正規労働者の権利擁護と固定化にかかわる問題を抱えています。改訂された内容については、各教材に反映させていますが、解説部分でも簡単にふれていますので参照してください。

　もう一つは、ブラックバイト（学生が学生らしい生活を送れなくしてしまうアルバイト）に対して、首都圏や関西をはじめ各地で学生ユニオンが結成され、若者が自らや仲間の権利擁護のために声をあげるようになったことです。

　この動きに後押しされる形で、厚生労働省が2015年は大学生、2016年は高校生に「アルバイトに関する意識等調査」を実施し、その結果をふまえ、2016年7月に文部科学省と連携し、高校生アルバイトの多い業界団体に「高校生等のアルバイトの労働条件の確保について」という要請を出しています。要請内容は「労働契約の締結の際の労働条件の明示、賃金の適正な支払い、休憩時間の付与、満18歳未満の時間外・休日・深夜労働の禁止等の労働基準関係法令を遵守（じゅんしゅ）すること、そして高校生等の本分である学業とアルバイトの適切な両立のため、シフト設定などの課題へ配慮すること」です。

　本来は、給付型の奨学金を大幅に拡充するなど、学生が学業に専念できる環境を整えることが国の責務と考えられますが、学生のアルバイトにおいて業界団体に特段の要請を出したことは、本書の実践的な意義である「15歳から学ぶ労働者の権利」が再確認されたのだと思います。特に、高校で本書を活用されるときは、次の2点の確認が必要です。

◆年少者の保護規定

　高校生などの18歳未満の労働者には、年少者に対する保護規定があります。労働時間は三六協定（サブロク）を結んだとしても、原則として1週40時間、1日8時間を超えての時間外労働は禁止です（変形労働時間制の場合は例外があります）。そして、午後10時から午前5時までの深夜労働も原則禁止されています（交替制の場合は例外があります）。また、法定休日の労働も禁止されています（事前に休日の振替を同一週にするなら可能です）。そのほか、危険な業務や有害な業務（安全・衛生・福祉上）、重量物を取り扱う業務とされる労働は禁止されています。有害な業務のなかには、酒席に侍する業務も含まれます。しかし、さまざまな事情から、禁止された業務に就き、さらに違法な状態で働かせられ、死亡事故など深刻な事態に陥るケースがあります。訴えがあった場合は、何よりも問題の解決を優先することが大切です。その場合は、ほかの相談機関との連携も必要です。

◆学業とアルバイトの両立

　採用時に合意した以上のシフト勤務（勤務割表により、勤務日・勤務時間が特定されたもの）を入れる場合など、労働条件を変更する場合には、事前に労働者の同意が必要です。逆に、労働時間が確定したあとに、シフト勤務を一方的に減らし休業させた場合には、平均賃金の６割以上の休業手当が支払われなければなりません。また、学生が試験準備や試験期間中など、学業に時間を割く必要がある場合は、本人の意向を尊重し、シフト設定を配慮される必要があります。

　次に、本書の活用事例（主に高校）を紹介し、このたびの改訂について書きます。
　非正規労働者の割合が年々増加するなかで、高校でも危機感が広がり、労働者の権利を学習する高校が増えてきました。まず、教材２の労働法カードを使って、グループワークで労働法を学びます。カードをグループ数だけ準備するのが大変ですが、高校生にとってはカードゲームを楽しむように、対話しながら学習できるので好評です。
　さらに、アルバイトをしている生徒が多い学校では生徒のアルバイトについてのアンケートをとおして実態を把握し、そこで出てきた問題に該当するロールプレイ教材を選んで学習を深め、実践力を高めていくという事例が多いようです。アルバイトをしている生徒が少ない学校では、ブラックバイトを扱った視聴覚教材（NHKオトナヘノベル「ブラックバイトに負けない！」など）を観てからロールプレイ教材を学習している学校もあります。
　改訂前のロールプレイ教材は１テーマを２時間かけて学習する構成にしていますが、１テーマを１時間で学習するように改訂しました。また、学生のアルバイトでもよくある事例「辞めたいのに辞めさせてくれない」と「パワハラ」教材を追加しています。特に、「パワハラ」教材は労働者をアルバイト大学生にし、シフト設定の問題もロールプレイに入れています。
　また、コラムに「最低賃金」「同一価値労働同一賃金」「履歴書と職場の差別」「レイシャル・ハラスメント」「『LGBT』と職場」「水商売・セックスワーク・AV強要」など、近年労働現場で起こっている事象を追加しました。学習の際に、生徒に紹介するなどして活用してほしいと思います。
　最後に、本書の改訂にあたり、法的な観点から内容をチェックしていただいた浅野直樹さん、再び辛抱強く書き手を導いてくださった解放出版社の加藤登美子さんほか、ご協力いただいた方々に心から感謝の意を表したいと思います。ありがとうございました。

　2016年9月　　　　　　　　　　　　　　　　　　　　　　　　　　　肥下彰男

新版〈働く〉ときの完全装備
15歳から学ぶ労働者の権利
目次

はじめに……3

改訂にあたって……5

労働法と生活保護法の基礎知識……10
- **コラム1** 高校生が団体交渉!?……14

教材 ● 導入編 ……15

- **教材❶** 仕事オークション……16
- **教材❷** 労働法カードを使って──こんな社長にはこのカードを出そう！……21
- **教材❸** 労働法〇×クイズ……36

教材 ● ロールプレイ編 ……39

- **教材❹** 未払い賃金を取り戻そう──ラーメン屋でアルバイトする田中さんの場合……40
- **コラム2** 最低賃金……45
- **教材❺** 有給休暇を取ろう──週２日アルバイトする鈴木さんの場合……46
- **教材❻** 不当解雇を撤回させよう──ラーメン屋で正社員として働く高橋さんの場合……51
- **コラム3** ある女性労働者の闘い……56
- **教材❼** 団体交渉をやってみよう──ユニオンに入って会社と交渉する場合……58
- **教材❽** 雇い止めを撤回させよう──食品工場で期間工として働く渡辺さんの場合……64
- **コラム4** 職場の人格支配──ブラック企業・ブラックバイト……69
- **教材❾** 辞めたいのに辞めさせてくれない──引越会社でパワハラされている北村さんの場合……70
- **教材❿** 派遣だからって簡単にクビ？──派遣労働者の高月さんの場合……75
- **コラム5** 「労働者の権利」実現への具体的ポイント……82

| 教材⓫ | パートだからって安すぎる！──食品工場でパートする田上さんの場合……83
| コラム6 | 同一価値労働同一賃金……88
| 教材⓬ | セクハラを許さない職場に──事務職の中島さんの場合……89
| コラム7 | 履歴書と職場の差別……94
| 教材⓭ | パワハラにやられっぱなしにならない──飲食レストランで働く木村さんと杉田さんの場合……95
| コラム8 | レイシャル・ハラスメント……100
| コラム9 | 「LGBT」と職場……100
| 教材⓮ | 労働基準監督署に行ってみよう──解雇予告手当の未払いを申告する場合……101
| コラム10 | 非常勤公務員労働の問題……107
| 教材⓯ | 労災保険を利用しよう──仕事でケガしたり病気になったりした場合……108
| 教材⓰ | 雇用保険をちゃんと使おう──自分を守る辞め方と失業中の生きのび方……113
| 教材⓱ | 生活保護のことを知っておこう──働けないときでも生きていくために……118
| コラム11 | 水商売・セックスワーク・AV強要……123
| コラム12 | 若者の政治参加──経済にデモクラシーを……124

オススメの教材・資料……124

オススメの相談先……125

おわりに……126

本文レイアウト…伊原秀夫
本文イラスト……清水美希
装画……………いのうえしんぢ
装幀……………森本良成

労働法と生活保護法の基礎知識

ここでは、働くときや何か困ったときに知っておいたらいい法律と制度を、組合活動や相談・支援活動をしている経験をふまえて、実践的な観点から紹介しておきます。

◉──労働法

労働法ですが、よく使われるもので私たちが知っておくべきものとしては、労働基準法（労基法）と労働組合法（労組法）があります。まず若者たちに伝えるべきことは、法律には案外いろいろ労働者に有利なことが書いてあり、それをちゃんと知っていればひどい扱いに対抗できるよということです。そして特に、1人で交渉するのはむずかしいし、立場も弱いけれど、ユニオン（労働組合）という組織に属しているという形をとると、とても交渉力が高まるよということです。労働基準監督署（労基署）というのは労働基準法に明確に違反した証拠があれば動いてくれますが、実際はあまり親切には動いてくれません（教材14）。だからユニオンを使うのが実際には一番有効だよと知っておくことが重要です。

会社側は、労働法関係のことをよく知らない場合、労働組合などと話し合う必要はないと言います。しかし、法的には、会社は組合を無視することはできず、交渉を申し込まれたら正当な拒否理由がなければ誠実に応じなくてはなりません（教材7）。ある労働者が組合に加入したからといって、その労働者を会社が邪険に扱うこと（賃金を下げる、いじめる、解雇する、組合を脱退するように言うなど）も禁じられています。団体交渉を拒否することや、団交で歩み寄る努力をしない不誠実な対応なども含めて、そうしたやってはいけない行為のことを不当労働行為と呼びます。法律で不当労働行為は禁止されています（労組法第7条）。

労働組合のことを知らない人が多く、知っていてもいいイメージをもっていない人がほとんどです。生徒のみなさんにぜひ伝えていただきたいのは、テレビや映画・ドラマ・小説にはほとんど出てこないけれど、実は、世の中には「1人でも入れるユニオン」というものがあって、誰でも入れるし、つくれるし、そこでは働くもの同士が助け合って、会社や経営者など強いものに集団で立ち向かっているんだよ、ということです。使用者と対等の立場で交渉し、協定を締結するのが労働組合なのです（労組法第1条）。自分の会社に組合がなくても、ネットで調べれば、近くにユニオンが見つかります。

雇われる個々人の労働者はどうしても立場が弱いので、労働組合をつくる権利（団結権）、会社と対等に交渉する権利（団体交渉権）、話し合いでは相手が不誠実でコトが進まない場合に、組合が交渉力を高め、問題解決をめざして会社に圧力をかける権利（団体行

動権・争議権）などが保障されています（憲法第28条、労組法第6条）。

　団体交渉申し入れのために会社に行くとか、ストライキや会社前でのビラまき・情宣活動、事態の広報活動、集会やデモなどは、労働組合が正当な目的のためにおこなうなら、外形上、営業妨害・威力業務妨害にあたる行為でも「罰しない」とされ、民事上も損害賠償を請求することができないとされています（刑法第35条、労組法第1条2、同第8条）。団体交渉で決まったことを文書にしたものを「労働協約」といい、それは絶対に守られないといけない強い効力をもっています（労組法第14条～第16条）。

　労働基準法では、差別なく、各労働者が人間らしい生活ができる労働条件でなくてはならないとしてその最低限度を決めています（労基法第1条～第4条）。時間外・休日・深夜労働の割増賃金（教材4）、年次有給休暇（教材5）、解雇の制限（教材6）、労働条件を示す必要、就業規則をつくること、最低賃金、賃金の払い方、会社都合の休業などで休んだときの賃金補償、原則週40時間という労働時間の制限、残業するときには労働者側と協定を結ばなければならないといった条件、休憩・休日の与え方などについて規定しています。

　アルバイトや派遣だから、「正社員みたいに法律で守られていない、労基法の対象外だ」というのは間違いで、労基法では、非正規労働者も正規労働者と同じ労働者です（労基法第9条）。ですから、アルバイトでも（正当な）理由のない解雇は認められませんし、残業には割増賃金が払われないといけませんし、始業前の朝礼などの時間についても労働時間として賃金が払われなければなりませんし、有給休暇も保障されます。例えば30分未満の残業をつけさせないのは違法なので1分単位で未払い残業代を請求できるとか、バイトで割ってしまったお皿の代金の弁償として給料から天引きされていたのも違法なので取り返せるといったことを知れば、元気が出てくる人も多いでしょう。

　そのほか、本書の各所に必要な範囲でいろいろな労働法の知識が説明されています（例えば病気になっても、傷病手当金をもらって会社を辞めずに療養できること〔教材16〕など）。法律を知るなんて専門家とか弁護士の仕事だと思っているのは大きな間違いで、簡単でいいので誰もが法律の基本を知っておくことが重要だし、そうむずかしくはありません。しかも、実際はユニオンの仲間や弁護士などの専門家が代弁してくれたり、ユニオンの仲間と団体交渉していくなかで徐々に使えるようになっていくものなので、丸暗記する必要もありません。大切なことは、「こんな扱いをされるのは何かおかしいぞ」とわかる感覚を若いうちから身につけておくことなのです。

●──生活保護制度

　次に生活保護法です。これは理念としてはなかなかいいもので、日本国憲法第25条に規定する健康で文化的な最低限度の生活水準が保障されるために、国が生活に困窮するすべての国民に対し、その困窮の程度に応じ、必要な保護をおこない、その自立を助長することを目的とする（生活保護法第1条、第3条）とし、それは誰でも無差別平等に受けることができる（第2条）となっています。ですから、病気でなくても、年齢が若くても、生活困窮に陥った理由や過去の理由がどうでも（例えばギャンブルをしてお金がなくなったとかで

も）、その時点で困窮していれば受けられるものなのです。

　具体的には、資産などがなく、毎月の収入が最低生活費に充たないときに支給されます。一人暮らしの場合、最低生活費である12万円程度（東京や大阪などの都市の場合。場所によってもう少し低くなる）以下の収入だと保護が必要と認定され、その人が最低生活費程度の生活ができるようにその12万円ほどが支給されます。支給額は家族の人数とか、病気や障害があるかどうか、年齢、子どもの数、子どもの年齢・障害などで変わってきます（世帯単位で考える）。収入がある場合でも、その収入が最低生活費を下回っているのであれば、生活保護の基準との差額が生活保護で保障されます。

　働いて生活保護費以上の収入を得られるとか、貯金があるなどの条件があれば、保護されませんが、そうした条件がないなら保護されます（第４条）。生活保護申請を受けた福祉事務所は、その人の困窮状況や資産の状態などを調査し、申請後原則２週間以内に保護するかどうか決めないといけないとされています（第24条）[*1]。しかし、相談や申請に来た人が、寝る場所や所持金がない、病気で死にそうだなど、急迫した状況にある場合は、２週間待たせるのでなく、申請の有無に関係なく、第１条の原理ですぐに保護しないといけないとされています（第25条　職権による緊急保護、第５条、第７条）。どこに住んでいても申請できますし、路上生活をしていても申請できます。近くの役所・福祉事務所で手続きができます。

　いったん生活保護を受給したら、もう何もしないで保護費をもらい続ければいいということではなく、生活保護は、支出を節約したり、できれば自立して生活保護対象ではなくなることをめざしています。ですから生活を立て直すとか仕事をするなどに向けて指導をするとされていますが、それは生活保護の受給を短期でやめさせるために圧力をかけるなど受給者に不利益をもたらしていいという意味ではないとされています（第27条、第56条、第60条）。

　昔は、野宿の人の生活保護取得の条件として施設で暮らすように強制するようなこともなされていましたが、大阪市西成区の釜ヶ崎の佐藤邦男さんの裁判闘争の成果もあって、今では、法律の文言（第30条　居宅保護の原則）どおり、自分が住みたい所でアパートを借り、生活を始めることができます。

　何も持ち物がなければ、最初に布団や調理道具など家財道具をそろえるお金も出ますし、アパートを借りるときには、敷金代、引っ越し代、病気のときには無料で医療を受けられる券などももらえます。生活がぎりぎりで保護の決定と支給までもたない場合、そのつなぎとして、社会福祉協議会の緊急貸付や各自治体なりの制度がありますので、これらの支給を求めて粘り強く交渉することが必要です。

　貯金が少し（１カ月分としての10万円強）ぐらいあっても、若くて元気そうに見えても、とにかく今、生活が困窮しているということで使える制度なので、格差社会で十分に経済的に安定していない多くの人にとっては、とても役に立つ制度だといえます。これがあるからいざというときにも大丈夫だよ、とみんなに伝えておくことで、ひどすぎる労働条件のところでも我慢するとか、DVされているのに逃げられないとか、経済的な点で絶望的

になって自殺したり犯罪に走ることも少なくなると思います。保護の対象となると、子どもがいるときの教育費も安くなりますし、所得税や住民税は非課税になり、医療費や国民年金保険料やNHK受信料なども免除となるので、生活に困っているなら利用したらいいのです。

ただし、運動側の努力の積み重ねでだいぶ改善されてきたものの、まだまだこの制度は十分には使われていません。本来ならこの制度を使ってもいいほど生活水準が低い人たちの多くが、この制度を使っていません[★2]。それは、世間体を気にし、恥の感覚があること、この制度を使うといろいろ干渉されるから嫌だということ、この制度（受給条件や手続きなど）をよく知らず、利用できると思っていないこと、メディアで何度も不正受給のことが報道されているため、この制度を利用している人の多くがそのようなインチキをしているという誤ったイメージが広がっているなどの理由によります。

役所が生活保護を申請させにくくしていることもあり、例えば、生活保護を使いましょうというパンフレットなどはつくっていませんし、ホームページを見ても生活保護のことはとてもわかりにくくされています。申請に来た人にも、相談を聞いたというだけでほかの所に行くように誘導して申請させないようなこともあります。

ですから、生活保護を使うのは権利であり、無理して体を壊して病気になったり、死んでしまったりするのではなく、ちゃんとこれを使って生活を立て直していけばいいんだよ、案外多くの人が使えるので遠慮なく申請したらいいよ、詳しい人と一緒に申請に行くとうまくいきやすいよ、とみんなに広めることが重要です。働く能力があっても、収入がないならば、求職活動を続けているなどの条件はありますが、保護の対象となります。仕事を少ししていても非正規などで低収入なら生活保護で補えます。うつ病になって働けないとか、親やパートナーから虐待されている人もいます。そうした場合、親やパートナーから離れて、生活保護を使って生活を立て直していけるんだよと伝えておくことはとても大切です。

私たちの周り（生徒のなか）には実際に生活保護を受給している世帯の人がいます。そういう人たちが、偏見（スティグマ）などで傷つかないように、この制度を使うのは権利であり、けっして恥ずかしいことでも不正なことでもないのだと伝えていくことが重要です。

注

[★1] 野宿、持ち金がないなどの緊急状況なら、職権による緊急保護ということで、即日、翌日などに保護決定できます。2週間（事情があれば30日）は最大限度であって、法的には早く決定することにはなんら問題はありません。あとで資産調査などで何かわかれば対処すればいいだけのことです。また申請日にさかのぼって生活保護費は支給されるのが原則です。

[★2] 2016年時点での受給世帯数は約163万世帯、受給者数は約215万人ですが、その約5倍の人が、最低生活水準以下で暮らしているだろうといわれています。

コラム1 高校生が団体交渉!?

　2010年1月に大阪の府立高校生Aくんが「ユニオンぼちぼち」のメンバーとともに団体交渉をおこないました。Aくんはお好み焼き屋でアルバイトをしていましたが、翌月の土日のいずれかに親戚の関係で九州に行くかもしれないとのことで、とりあえず翌月のシフト表の土日に×をつけ、その旨を店長に説明をしました。すると、店長はAくんに向かって「もうアルバイトには来なくていい」と告げたのです。納得のいかなかったAくんは「辞めるつもりはない」ことを店長に訴えましたが、店長は「きみは仕事もちゃんとできていない。どうしても働き続けたいなら、もう一日だけ仕事ぶりをみて判断する」と言い、その一日もAくんは懸命に働きましたが、店長は「やっぱりきみには無理だ」と一方的に告げました。

　高校で「労働者の権利」について学習していたAくんは、「解雇事由」に納得がいきませんでした。また、これまでの給料明細を確認すると時給が最低賃金を下回っていることもわかり、「不当解雇」と「未払い賃金」について最寄りの労基署に相談に行きました。労基署の職員は、店長に改善をするように求めましたが、店長は、最低賃金を下回っていた差額については支払うが解雇予告手当の支払いは拒否しました。それに対して、労基署の職員は「これ以上は裁判を起こすしかない」と言うだけでしたが、Aくんはあきらめませんでした。法テラスなどを自分で調べるとともに、このことを学校の教師にも相談しました。教師からは裁判は最終手段であることや非正規労働者のユニオンなどに相談してはとのアドバイスを受けました。Aくんは「ユニオンぼちぼち」に相談し、アルバイト先にユニオンのメンバーと団体交渉することを決断したのです。

　交渉の最初のうち店長は「解雇はしていない」「初めから解雇予告手当が目当てではなかったのか」などの発言をしていました。しかし、ユニオンのメンバーから「Aくんに対して実質的に解雇と思わせるような発言をしている」と指摘されたり、Aくん自身のこの間の気持ちを聞くなかで、解雇予告手当相当の額の「和解金」を支払うことを納得しました。

　交渉後に教師に報告に来たAくんはとても誇らしげな顔で「僕は、ふだんはあまり他人に対して腹を立てることはなかったけど、今回のことはどうしても許せなかった。だからとことんまで自分の力でやるつもりだった。ユニオンと一緒に交渉できて、店長がそれなりに謝罪してくれたことでとてもすっきりした。けっしてお金のためにやったのではない」と話しました。

　学校ではいつも物静かであまり目立たないAくんの今回の行動に、教師はとても驚いたといいます。また、その後のAくんは総合学習の時間で学んでいる社会問題についても積極的な意見を書くようになったとのことです。

　Aくんのように高校生がユニオンの協力を得て団体交渉する先駆的な事例は各地であったと思いますが、2015年には高校生だけの労働組合「首都圏高校生ユニオン」が結成されています。このような動きは今後も広がっていくでしょう。

教材・導入編

- 導入編の教材は3つの教材からなりたっています。本書は、労働法を中心にした本ですが、いきなり労働法を学習するのではなく、教材1に「仕事に対する価値観」を考えるワークを配置しています。
- 本書では一人ひとりで学習するのではなく、グループで話し合い学び合う参加型の手法を用いています。
- 導入編の教材は、グループワークとしてもロールプレイほど学習者の参加度が高くなくても学習できるワークとしました。教材1の「仕事カード」や教材2の「労働法カード」は本書で紹介した教材以外でも活用してください。
- 「労働法カード」のウラ面には紙面の許すかぎり法律の条文をそのまま載せていますが、カードのオモテ面は中高生が意味をつかみやすいように「意訳」しています。また、ウラ面では「事業主」と書かれている条文も、オモテ面では学習者の混乱を避けるために、労働基準法の「使用者」という用語に統一しています。

教材1
仕事オークション

ねらい 自分自身やクラスメイトの「仕事(働き方)に対する価値観」を知り、「働くことの意味」を考える。

準備するもの ワークシートと「仕事カード」(拡大する)。

進め方
- 「仕事オークション」の趣旨を説明する。
- ワークシートのプランの欄に合計100万円となるように、自分がその仕事にどれだけの価値をつけるかを振り分けさせる。
  例として、❶〜❿に10万円ずつ書いてもいいし、2つに50万円ずつ書いてもいいと伝えるとわかりやすい。
- この間に、18頁からの「仕事カード」❶〜❿をばらばらに切り離し、張り出しておく。
- ❶から順に、お金をつけた者に手を挙げさせる。「このなかで50万円以上の値段をつけた者だけ手を挙げたまま」などと絞り込んでいく。少数になったら、一人ひとりいくらをつけたかと、どうしてその値段をつけたかの理由を聞く。これを繰り返す。
- 最高額をつけた者の名前と金額を黒板に書き、「仕事カード」を最高額の生徒に渡す(最高額をつけた者が複数いるときは、説得力のある理由を発言した生徒をクラス全体で拍手の大きさなどで決める)。

留意点
- 生徒にとっての「仕事(働き方)に対する価値観」は、保護者の働き方による家族への影響が色濃く反映することを念頭においておく必要がある。
- このワークはクラス全体の人間関係ができていない場合でも比較的取り組みやすく、ほかのクラスメイトを理解するきっかけにもなる。しかし、「仕事(働き方)に対する価値観」や「働くことへの不安」などは、少人数のグループに分けておこなうほうが深まった内容になる。

ワークシート

仕事オークション

- みなさんが、100万円持っているとして、下の❶～❿のどんな仕事になら、何万円払ってもしたいか考え、プランの欄に合計100万円になるように書いてください。

番号	仕事（働き方）の種類	プラン	手に入れた人	いくらで？
❶	趣味や特技が生かせる仕事	万円		万円
❷	給料が高い仕事	万円		万円
❸	自分のペースで働ける仕事	万円		万円
❹	社会的な地位が高い仕事	万円		万円
❺	休みが多い仕事	万円		万円
❻	職場のみんなが仲良く働ける仕事	万円		万円
❼	キレイでおしゃれな職場の仕事	万円		万円
❽	人の役に立てる仕事	万円		万円
❾	独立して社長になれる仕事	万円		万円
❿	家庭生活や子育てと両立できる仕事	万円		万円
	合計	100万円		

1 ほかの人が手に入れた仕事の種類やその理由で、その人のどんな新しい一面を発見しましたか？ 発見したことを書いてください。

2 やってみて気づいたことや感じたことを書いてください。

仕事カード　＊切り離して使います

❶ 趣味や特技が生かせる仕事

❷ 給料が高い仕事

❸ 自分のペースで働ける仕事

❹ 社会的な地位が高い仕事

❺休みが多い仕事

❻職場のみんなが
　仲良く働ける仕事

❼キレイでおしゃれな
　職場の仕事

❽人の役に立てる仕事

❾独立して社長に
　なれる仕事

❿家庭生活や子育てと
　両立できる仕事

教材2
労働法カードを使って
こんな社長にはこのカードを出そう！

ねらい　労働法には「労働者が人間らしい生活ができるための最低基準」が定められている。「労働法カード」を使って労働者の権利や使用者の義務を学び、学習者が働く現場で労働法を活用できる力を養成する。

準備するもの　「労働法カード」のページをコピーし、真ん中の折り線で折って貼り合わせ、ウラオモテの24枚のカードを必要なセット分、作成する。

進め方
- 4～5人でグループをつくり、各グループに24枚のカードを配る。
- 24枚のカードをグループごとで、各メンバーにだいたい同じ枚数（5～6枚）配る。
- 各メンバーが、配られたカードのオモテ面を読む。
- ワークシート「こんな社長にはこのカードを出そう！」の解答例を消したものを各班に配り、記載されている「事例」を順に各班で検討し、自分のカードと関係が深いと思うメンバーがそのカードをほかのメンバーに紹介する（複数、出てきてもよい）。
- 紹介されたカードをもとに、各班で「法律違反」かどうかを話し合う。
- 検討の際に使用したカードの番号をワークシートに書き込む。
- 各班で話し合ったことを発表する。
- 学習をとおして学んだことを各自、書き込む。

留意点
- 進行役は、話し合いがうまく進んでいないグループには、カードを各人の前に出させ、他人のカードを見てもいいことにする。
- 実際には労働現場では労働法違反が常態化している現実がある。「それなら学習しても意味がない」という反応も予想されるが、「法」には拘束力があり、現実を変えていく力もあることや学習したことをどう生かしていくかは次章のロールプレイ編で学習していくことを伝える。
- 「法」自体が国際的に見て不十分な内容のものや、このカードでは掲載しなかった「労働者派遣法」や「育児・介護休業法」のように時代背景や世論によって改訂を重ねるものもある。「法」自体も変えていける対象であることを学習者に伝えるのも大切な点である。

ワークシート
こんな社長にはこのカードを出そう！

● 次のような社長の一言に、「それはこの法律に違反していますよ」という労働法カードを出そう！（何枚出してもいいです）ワークシートにそのカード番号を書いてください。

1．きみはアルバイトなんだから、労働基準法とか関係ないよ！
　　　　　　　　　　　　　　　　　　　　　カード番号（　❸　）

2．ちょっと体を触られたぐらいで、ギャーギャー言うなよ！
　　　　　　　　　　　　　　　　　　　　　カード番号（　⓳　）

3．こんな不景気なのに、法律どおりに働いてもらうわけにはいかないよ！
　　　　　　　　　　　　　　　　　　　　　カード番号（　❶　）

4．割った皿の代金は、割った分だけ給料から天引きするからな！
　　　　　　　　　　　　　　　　　　　　　カード番号（　❻　）

5．妊娠したんだから、仕事は辞めてもらうよ！
　　　　　　　　　　　　　　　　　　　　　カード番号（　⓲　）

6．うちの工場は女子トイレがないから、男子しか採用しない！
　　　　　　　　　　　　　　　　　　　　　カード番号（　❷　）

7．私の会社なんだから、私の言ったことが規則だ！
　　　　　　　　　　　　　　　　　　　　　カード番号（　❶　❺　⓭　）

8．見習い期間中は、時給500円で働いてもらう！
　　　　　　　　　　　　　　　　　　　　　カード番号（　❼　）

9．うちの会社は残業代は出さない！　就業規則に書いてるだろ！
　　　　　　　　　　　　　　　　　　　　　カード番号（　❹　❿　⓭　）

10．うちの会社では、組合活動は認めてないから！
　　　　　　　　　　　　　　　　　　　　　カード番号（　㉑　㉒　）

11. 今月は2回も遅刻したんだから、規則どおり、来月の給料は半分だ！
　　　　　　　　　　　　　　　　　　カード番号（　　❶❹　　）

12. 仕事で病気したりケガしても、自分の金で医者に行けよ！
　　　　　　　　　　　　　　　　　　カード番号（　❶❷　❷⓿　）

13. お前がノロくて残業になった。だから割増賃金は払わない！
　　　　　　　　　　　　　　　　　　カード番号（　　❶⓿　　）

14. 組合を辞めるんだったら、きみのクビは取り消してやってもいい！
　　　　　　　　　　　　　　　　　　カード番号（　❷❸　❶❺　）

15. やっと仕事が回ってきたぞ！　今月は休みなしで働いてもらう！
　　　　　　　　　　　　　　　　　　カード番号（　❽　❾　）

16. パートなんだから、同じ仕事でも正社員の給料の半分は仕方ない！
　　　　　　　　　　　　　　　　　　カード番号（　　❷❹　　）

17. たった半年働いたぐらいで有給休暇くれって、そんな話あるか！
　　　　　　　　　　　　　　　　　　カード番号（　　❶❶　　）

18. きみとの契約はまだ3カ月残ってるけど、明日からは来なくていい！
　　　　　　　　　　　　　　　　　　カード番号（　❶❺　❶❻　）

19. 労働基準監督署に通報したりしたらクビだ！
　　　　　　　　　　　　　　　　　　カード番号（　❶❺　❶❼　）

20. 組合が団体交渉に来たら、すぐに営業妨害で警察呼ぶからな！
　　　　　　　　　　　　　　　　　　カード番号（　　❷❷　　）

＊この学習をとおして学んだことを書きましょう。

労働法カード　＊上下を切り離し真ん中で折って使います

❶人間らしい生活ができる労働条件

働く条件は、働く人が人間らしい生活ができるものでなくてはならず、法律はあくまで最低限。この条件は働く人と使用者が、対等の立場で決める。

❶人間らしい生活ができる労働条件

日本国憲法第25条　すべて国民は、健康で文化的な最低限度の生活を営む権利を有する。

労働基準法第1条　労働条件は、労働者が人たるに値する生活を営むための必要を充たすべきものでなければならない。2　この法律で定める労働条件の基準は最低のものであるから、労働関係の当事者はこの基準を理由として労働条件を低下させてはならないことはもとより、その向上を図るように努めなければならない。

労働基準法第2条　労働条件は、労働者と使用者が、対等の立場において決定すべきものである。2　労働者及び使用者は、労働協約、就業規則及び労働契約を遵守し、誠実に各々その義務を履行しなければならない。

❷差別の禁止

使用者は、働く人の国籍・信条・身分・性別によって差別してはいけない。働く人の募集や採用について、その性別にかかわりなく平等な機会を与えなければならない。

❷差別の禁止

労働基準法第3条　使用者は、労働者の国籍、信条又は社会的身分を理由として、賃金、労働時間その他の労働条件について、差別的取扱をしてはならない。

労働基準法第4条　使用者は、労働者が女性であることを理由として、賃金について、男性と差別的取扱いをしてはならない。

男女雇用機会均等法第5条　事業主は、労働者の募集及び採用について、その性別にかかわりなく均等な機会を与えなければならない。

→切りとり線

↑折り線

❸労働者とは
法律で労働者（働く者）とは、職業の種類には関係なく、賃金や、給料などをもらって生活する者を指す。

❸労働者とは
労働基準法第9条　この法律で「労働者」とは、職業の種類を問わず、事業又は事務所（以下「事業」という。）に使用される者で、賃金を支払われる者をいう。
労働組合法第3条　この法律で「労働者」とは、職業の種類を問わず、賃金、給料その他これに準ずる収入によつて生活する者をいう。

❹労働基準法違反の取り決めは無効
働く条件は法律や働く人との約束に違反する場合は無効となる。

❹労働基準法違反の取り決めは無効
労働基準法第13条　この法律で定める基準に達しない労働条件を定める労働契約は、その部分については無効とする。この場合において、無効となつた部分は、この法律で定める基準による。
労働基準法第92条　就業規則は、法令又は当該事業場について適用される労働協約に反してはならない。2　行政官庁は、法令又は労働協約に牴触する就業規則の変更を命ずることができる。
労働契約法第9条　使用者は、労働者と合意することなく、就業規則を変更することにより、労働者の不利益に労働契約の内容である労働条件を変更することはできない。ただし、次条の場合は、この限りでない。
労働契約法第12条　就業規則で定める基準に達しない労働条件を定める労働契約は、その部分については、無効とする。この場合において、無効となった部分は、就業規則で定める基準による。

❺労働条件・規則の明示・周知

使用者は、これから働く人に、賃金や働く時間などの労働条件や約束事を示さなくてはいけない。また、それは働く人が見える所において、働く人に広く知らせなくてはならない。

❺労働条件・規則の明示・周知

労働基準法第15条 使用者は、労働契約の締結に際し、労働者に対して賃金、労働時間その他の労働条件を明示しなければならない。この場合において、賃金及び労働時間に関する事項その他の厚生労働省令で定める事項については、厚生労働省令で定める方法により明示しなければならない。

労働基準法第106条 使用者は、この法律及びこれに基づく命令の要旨、就業規則（略）を、常時各作業場の見やすい場所へ掲示し、又は備え付けること、書面を交付することその他の厚生労働省令で定める方法によつて、労働者に周知させなければならない。

❻賃金の払い方

賃金は、現金で、直接働いている人に、毎月1回以上、決まった日に全額を支払われなくてはいけない。また、賃金から勝手に損害の賠償金（ばいしょうきん）や貯蓄金を天引きするような契約をしてはいけない。

❻賃金の払い方

労働基準法第24条 賃金は、通貨で、直接労働者に、その全額を支払わなければならない。（略） 2 賃金は、毎月1回以上、一定の期日を定めて支払わなければならない。（略）

労働基準法第16条 使用者は、労働契約の不履行について違約金を定め、又は損害賠償額を予定する契約をしてはならない。

労働基準法第18条 使用者は、労働契約に附随（ふずい）して貯蓄の契約をさせ、又は貯蓄金を管理する契約をしてはならない。（略）

❼最低賃金について

使用者は、働く人に決められた最低賃金額以上の賃金を支払わなければならない。

❼最低賃金について

労働基準法第28条 賃金の最低基準に関しては、最低賃金法（昭和34年法律第137号）の定めるところによる。

最低賃金法第4条 使用者は、最低賃金の適用を受ける労働者に対し、その最低賃金額以上の賃金を支払わなければならない。2　最低賃金の適用を受ける労働者と使用者との間の労働契約で最低賃金額に達しない賃金を定めるものは、その部分については無効とする。この場合において、無効となつた部分は、最低賃金と同様の定をしたものとみなす。（略）

❽労働時間について

使用者は、働く人に、休憩時間を除いて1週間に40時間を超えて、働かせてはいけない。また、1日については8時間を超えて、働かせてはいけない。

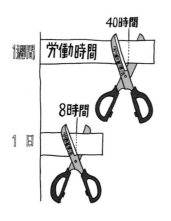

❽労働時間について

労働基準法第32条 使用者は、労働者に、休憩時間を除き1週間について40時間を超えて、労働させてはならない。2　使用者は、1週間の各日については、労働者に、休憩時間を除き1日について8時間を超えて、労働させてはならない。

❾休憩・休日の与え方

使用者は、働く時間が6時間を超える場合には、少なくとも45分、8時間を超える場合には、少なくとも1時間の休憩時間を、また1週間に少なくとも1回の休日を与えなければならない。

❾休憩・休日の与え方

労働基準法第34条 使用者は、労働時間が6時間を超える場合においては少くとも45分、8時間を超える場合においては少くとも1時間の休憩時間を労働時間の途中に与えなければならない。

労働基準法第35条 使用者は、労働者に対して、毎週少くとも1回の休日を与えなければならない。2 前項の規定は、4週間を通じ4日以上の休日を与える使用者については適用しない。

❿時間外及び休日の労働について

使用者は、働いている人と話し合い、働く時間を長くしたり、休みの日に働かせた場合は、2割5分以上5割以下の範囲で計算した割増の賃金を払わなければならない。

❿時間外及び休日の労働について

労働基準法第36条 使用者は（略）その協定で定めるところによつて労働時間を延長し、又は休日に労働させることができる。（略）

労働基準法第37条 使用者が（略）労働時間を延長し、又は休日に労働させた場合においては、その時間又はその日の労働については、通常の労働時間又は労働日の賃金の計算額の2割5分以上5割以下の範囲内でそれぞれ政令で定める率以上の率で計算した割増賃金を支払わなければならない。（略）

⓫有給休暇について

使用者は、働く人が６カ月間続けて、出勤すべき日の８割以上働いた人には、１年間に10日間の有給休暇（給料が支払われる休み）を与えなくてはいけない。

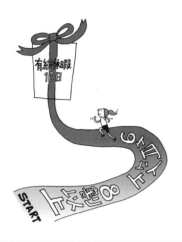

⓫有給休暇について

労働基準法第39条　使用者は、その雇入れの日から起算して６箇月間継続勤務し全労働日の８割以上出勤した労働者に対して、継続し、又は分割した10労働日の有給休暇を与えなければならない。（略）

⓬療養、休業補償について

働く人が仕事でケガや病気をしたときは使用者が手当てに必要な費用を負担し、働く人にその間、支給金を合わせて、賃金の平均の８割を補償しなくていけない。

⓬療養、休業補償について

労働基準法第75条　労働者が業務上負傷し、又は疾病にかかつた場合においては、使用者は、その費用で必要な療養を行い、又は必要な療養の費用を負担しなければならない。（略）

労働基準法第76条　（略）使用者は、労働者の療養中平均賃金の100分の60の休業補償を行わなければならない。（略）

労働者災害補償保険特別支給金支給規則第３条　休業特別支給金は、労働者が業務上の事由又は通勤による負傷又は疾病に係る療養のため労働することができないために賃金を受けない日の第４日目から当該労働者に対し、その申請に基づいて支給するものとし、その額は、１日につき休業給付基礎日額の100分の20に相当する額とする。

⓫就業規則を作ること

10人以上を雇っている使用者は、仕事の時間や休日・賃金・退職やクビの理由等の規則を作って、労働基準監督署に届けなくてはならない。また、働く人と話し合いなしに勝手に変えてはいけない。

⓫就業規則を作ること

労働基準法第89条 常時10人以上の労働者を使用する使用者は、次に掲げる事項について就業規則を作成し、行政官庁に届け出なければならない。次に掲げる事項を変更した場合においても、同様とする。
1 始業及び終業の時刻、休憩時間、休日（略） 2 賃金（略）の決定、計算及び支払の方法、賃金の締切り及び支払の時期並びに昇給に関する事項 3 退職に関する事項（解雇の事由を含む。）（略）

労働基準法第90条 使用者は、就業規則の作成又は変更について（略）意見を聴かなければならない。（略）

⓬減給の制限

働くときに、給料を減らす罰則（ばっそく）を決めるときは、1回の額が1日分の半額を超えたり、給料日にもらえる額全体の10分の1を超えてはいけない。

⓬減給の制限

労働基準法第91条 就業規則で、労働者に対して減給の制裁を定める場合においては、その減給は、1回の額が平均賃金の1日分の半額を超え、総額が1賃金支払期における賃金の総額の10分の1を超えてはならない。

⓯解雇について（1）
クビは、客観的にみて理由がおかしい場合は、無効とする。使用者は、クビは少なくとも30日前に伝えること、あるいは賃金の30日分以上を払わないといけない。

⓯解雇について（1）
労働契約法第16条 解雇は、客観的に合理的な理由を欠き、社会通念上相当であると認められない場合は、その権利を濫用したものとして、無効とする。
労働基準法第20条 使用者は、労働者を解雇しようとする場合においては、少くとも30日前にその予告をしなければならない。30日前に予告をしない使用者は、30日分以上の平均賃金を支払わなければならない。（略）

⓰解雇について（2）
使用者は、期間が決まっている労働契約について、どうしようもない理由がある場合以外は、期間中は働く人をクビにすることができない。またその期間を必要以上に短くしてはいけない。

⓰解雇について（2）
労働契約法第17条 使用者は、期間の定めのある労働契約について、やむを得ない事由がある場合でなければ、その契約期間が満了するまでの間において、労働者を解雇することができない。
2 使用者は、期間の定めのある労働契約について、その労働契約により労働者を使用する目的に照らして、必要以上に短い期間を定めることにより、その労働契約を反復して更新することのないよう配慮しなければならない。

⑰労働基準監督署への申告

働いている職場で、労働基準法に違反するような事実があった場合、働いている人は、その事実を労働基準監督署に申告することができる。

⑰労働基準監督署への申告

労働基準法第104条 事業場に、この法律又はこの法律に基いて発する命令に違反する事実がある場合においては、労働者は、その事実を行政官庁又は労働基準監督官に申告することができる。
2　使用者は、前項の申告をしたことを理由として、労働者に対して解雇その他不利益な取扱をしてはならない。

⑱女性の結婚・妊娠・出産について

使用者は、女性の労働者が結婚・妊娠・出産したことを退職の理由とする決まりをつくったり、クビにしてはいけない。妊娠中や出産後1年が経っていない女性の労働者のクビは無効とする。

⑱女性の結婚・妊娠・出産について

男女雇用機会均等法第9条 事業主は、女性労働者が婚姻し、妊娠し、又は出産したことを退職理由として予定する定めをしてはならない。2　事業主は、女性労働者が婚姻したことを理由として、解雇してはならない。3　事業主は、その雇用する女性労働者が妊娠したこと、出産したこと（略）を理由として、当該女性労働者に対して解雇その他不利益な取扱いをしてはならない。4　妊娠中の女性労働者及び出産後1年を経過しない女性労働者に対してなされた解雇は、無効とする。（略）

⑲セクハラの禁止
使用者は、職場での性的な言動によって、働いている人が働きづらくなることがないように、相談窓口をつくったり、適切に対応するための体制をつくらなくてはならない。

⑲セクハラの禁止
男女雇用機会均等法第11条 事業主は、職場において行われる性的な言動に対するその雇用する労働者の対応により当該（とうがい）労働者がその労働条件につき不利益を受け、又は当該性的な言動により当該労働者の就業環境が害されることのないよう、当該労働者からの相談に応じ、適切に対応するために必要な体制の整備その他の雇用管理上必要な措置を講じなければならない。（略）

⑳働く人の安全について
使用者は、働きやすい環境づくりをとおして、働く人の安全と健康を守るようにしなければならない。そして、働く者に対して、医師による健康診断をおこなわなければならない。

⑳働く人の安全について
労働安全衛生法第3条 事業者は、単にこの法律で定める労働災害の防止のための最低基準を守るだけでなく、快適な職場環境の実現と労働条件の改善を通じて職場における労働者の安全と健康を確保するようにしなければならない。また、事業者は、国が実施する労働災害の防止に関する施策に協力するようにしなければならない。（略）

労働安全衛生法第66条 事業者は、労働者に対し、厚生労働省令で定めるところにより、医師による健康診断を行なわなければならない。（略）

㉑労働者の団結権について

働いている人が団結する権利や団体で交渉したり、行動をする権利を保障する。労働組合の代表は、組合や組合員のために使用者と労働協約（きょうやく）やその他のことに関して交渉する権限をもっている。

㉑労働者の団結権について

日本国憲法第28条 勤労者の団結する権利及び団体交渉その他の団体行動をする権利は、これを保障する。

労働組合法第2条 この法律で「労働組合」とは、労働者が主体となつて自主的に労働条件の維持改善その他経済的地位の向上を図ることを主たる目的として組織する団体又はその連合団体をいう。（略）

労働組合法第6条 労働組合の代表者又は労働組合の委任を受けた者は、労働組合又は組合員のために使用者又はその団体と労働協約の締結その他の事項に関して交渉する権限を有する。

㉒労働者の団体交渉権・行動権

働く人は労働組合をつくって、使用者と労働条件について団体交渉し、働くうえでの規則をつくっていい。労働組合が正当な目的のためにおこなうなら、抗議活動は罰せられない。

㉒労働者の団体交渉権・行動権

日本国憲法第28条 勤労者の団結する権利及び団体交渉その他の団体行動をする権利は、これを保障する。

労働組合法第1条 この法律は、（略）労働者がその労働条件について交渉するために（略）労働組合を組織し、団結することを擁護（ようご）すること並びに使用者と労働者との関係を規制する労働協約を締結するための団体交渉をすること（略）を目的とする。2 刑法（略）第35条の規定は、労働組合の団体交渉その他の行為であつて前項に掲げる目的を達成するためにした正当なものについて適用があるものとする。（略）

刑法第35条 法令又は正当な業務による行為は、罰しない。

㉓労働組合活動への妨害禁止
使用者は働く人が組合で活動したことでクビにしたり、不利益を与えてはいけない。組合に入ることをじゃましてもいけない。組合との団体交渉はちゃんとした理由なしには拒めない。

㉓労働組合活動への妨害禁止
労働組合法第7条　使用者は、次の各号に掲げる行為をしてはならない。1　労働者が労働組合の組合員であること、労働組合に加入し、もしくはこれを結成しようとしたこと若しくは労働組合の正当な行為をしたことの故をもって、その労働者を解雇し、その他これに対して不利益な取扱いをすること又は労働者が労働組合に加入せず、若しくは労働組合から脱退することを雇用条件とすること。（略）2　使用者が雇用する労働者の代表者と団体交渉をすることを正当な理由がなくて拒むこと。（略）

㉔短時間労働者への差別の禁止
ほかの働く人と仕事内容が同じだが、働く時間が短い人に対して、使用者は、賃金や福利において差別してはいけない。

㉔短時間労働者への差別禁止
短時間労働者の雇用管理の改善等に関する法律（いわゆるパートタイム労働法）
第9条　事業主は、（略）職務の内容及び配置が当該通常の労働者の職務の内容及び配置の変更の範囲と同一の範囲で変更されると見込まれるもの（略）については、短時間労働者であることを理由として、賃金の決定、教育訓練の実施、福利厚生施設の利用その他の待遇について、差別的取扱いをしてはならない。
第10条　事業主は、通常の労働者との均衡を考慮しつつ、その雇用する短時間労働者（略）の職務の内容、職務の成果、意欲、能力又は経験等を勘案し、その賃金（略）を決定するように努めるものとする。

教材3
労働法○×クイズ

ねらい　労働法について十分な知識がない段階で○×クイズに答えながら、労働法には労働者の権利や使用者（雇い主）の責任が書かれていることを気づかせる。

準備するもの　「労働法○×クイズ」と〈答えと解説〉シート。

進め方
- 「労働法○×クイズ」の趣旨を説明する。
- 生徒を5人程度のグループに分ける。
- 「労働法○×クイズ」シートの❶～⓬をばらばらに切り離し、12枚のカードをセットにしたものを各グループに配る。
- ルールを説明する。

    1）❶～⓬のどのカードから始めてもよい。各グループで話し合い、書かれている内容が正しいと思う場合はカード下に書かれている○→の先に書かれている番号のカードに進む。間違っていると思う場合はカード下に書かれている×→の先に書かれている番号のカードに進む（例えば、❶のカードの場合、正しい○と思ったときは❷のカードへ、間違っている×と思ったときは❿のカードへ進む）。

    2）カードは、順に輪になるように置いていく。すべて正解すると元のカードに戻るようになっていることを伝える。途中で新しいカードに進めなくなったら、どこかで判断が間違っているので、さかのぼってやり直すように伝える。

    3）輪が完成したグループは手を挙げるように伝え、ほぼすべてのグループができあがったところでストップする（制限時間を20分としてもよい）。

    4）完成するまでに時間のかかったグループに、どのカードの判断で迷ったかを聞き、他のグループにもどういう理由で判断したかを聞いてみる。

    5）〈答えと解説〉シートを配り、むずかしい用語については補足説明しながら順に解説していく。

留意点
- この教材はあくまで労働法学習の導入のワークであるので、一つひとつの項目について詳しく説明する必要はないが、説明する教師はしっかりとした知識をもっておく必要がある。❶は教材5、❷は教材6、❸は教材8、❹は教材4、❺は教材10、❻は教材12、❼は教材11、❽は教材14、❾は教材16、❿は教材15、⓫は教材7、⓬は教材17の教師用解説に目をとおしておくこと。

労働法○×クイズ

❶有給休暇は正社員（正規雇用）しかとれない。 ○ → ❷　× → ⑩	❷解雇には客観的に合理的な理由が必要である ○ → ❸　× → ❻	❸1年間だけの労働契約を結ぶとき、雇う人は契約の更新をおこなうかどうか明らかにしなければならない。 ○ → ❾　× → ⑪
❹労働基準法に違反する労働契約は無効である。 ○ → ❺　× → ❸	❺派遣で同じ部署の工場労働を4年以上続けることができる。 ○ → ❼　× → ⑪	❻会社の昼休みに、嫌がっている人がいるにもかかわらず、平気で性的な記事を見て談笑している職場はセクハラである。 ○ → ❹　× → ❾
❼労働基準法は正社員の権利についての法律であり、非正規社員の権利は、パートタイム労働法にまとめられている。 ○ → ❸　× → ⑫	❽労働基準法違反があったら市役所に行くと解決する。 ○ → ⑩　× → ❶	❾自己都合で会社を辞めたとき、失業手当を手続きしたら1カ月後にもらえる。 ○ → ❹　× → ❻
⑩仕事中にケガをして病院に行くときは健康保険を使う。 ○ → ❺　× → ❷	⑪労働組合に入ったことを理由に解雇することは禁じられている。 ○ → ❼　× → ⑫	⑫福祉事務所は、原則として生活保護の申請があってから2週間以内に、保護を開始するか却下するかを決めなくてはならない。 ○ → ❽　× → ❶

〈答えと解説〉シート　❶→❿→❷→❸→❾→❻→❹→❺→⓫→❼→⓬→❽

❶正解：×	❷正解：○	❸正解：○
有給休暇は正規・非正規の区別なく半年以上勤務し、出勤率が8割以上という条件さえ満たしていれば取得することができる。	法律で、客観的に合理的な理由のない解雇は不当な解雇であり、無効になるとされている。	有期の雇用契約を結ぶ際に、契約期間や契約が更新されるか、更新の判断基準は何かなどについて書面で明示しておかなければならない。
❹正解：○	❺正解：×	❻正解：○
労働契約の最低基準を定めているのが労働基準法であるから、労働基準法に違反する契約は無効となる。	派遣労働者個人としては、同じ事業所における同一組織単位で働ける期間の上限は3年である。	労働者の意に反して、性的な談笑などで、働きづらい環境がつくられる行為は「環境型セクハラ」である。
❼正解：×	❽正解：×	❾正解：×
労働基準法は、正規雇用・非正規雇用の区別はなく、すべての労働者に適用される。	労働条件や労働者の保護に関する監督をしているのは労働基準監督署である。	自己都合退社の場合は失業手当は給付の条件を満たしていても3カ月後からしかもらえない。
❿正解：×	⓫正解：○	⓬正解：○
仕事によるケガや病気は、労災保険から治療にかかわる費用が支払われる。	労働者の団結権は保障されており、組合活動を理由に解雇したり、脱退することを契約に盛り込んだりすることはできない。	福祉事務所は、生活保護の申請書が提出されれば、原則として2週間以内に調査のうえで保護開始か却下を決定しなくてはならない。

教材・ロールプレイ編

ロールプレイをおこなうにあたって

- ロールプレイ教材は、1時間（1コマ）、あるいは2時間（2コマ）を使って1つのテーマについて学習するようにできています。
- ワークシート①を使って導入をおこない、②によって関連する労働法と言い返し方を学びます。さらに③で全体をまとめる流れです。時間がある場合は、生徒の意見を集約して紹介したり、議論をさせる時間などを設け、より内容を深めてください。
- 教材を作成中、労働者は法律を知っていたとしても、さまざまな要因がからんで声をあげない場合が多いという指摘がありました。そこでワークシート③で「夢をかなえるためには法律違反もガマンしないといけないのか」といった論点を提示し、生徒に議論を求めることにしました。実際に働き始めたときに迷いそうなことについて一緒に考えてみてください。
- 会話の部分が関西弁になっているのは、ふだん使っている言葉のほうが臨場感が出ると考えたからです。ワークシートはコピーをしてそのまま使えるようになっていますが、会話部分は、授業中に生徒が日常的に使っている地元の言葉に直すなどの工夫をしてみてください。
- ワークシート②③の穴埋め問題や○×問題は解答が書き入れてあります。生徒に渡すときには、その部分を修正液などで消して渡してください。
- 教師用解説にあるカード番号は、24頁からの「労働法カード」の番号を指しています。
- 字数の関係で掲載できなかった条文がいくつかありますが、法律の条文はインターネットに公開されており、労働基準法や労働契約法なども検索すれば簡単に見ることができます。ぜひ実際の条文を読んでみてください。

教材4
未払い賃金を取り戻そう
ラーメン屋でアルバイトする田中さんの場合

ねらい よく起こる労働問題の一つである賃金未払いをとおして、労働者の権利の基本的な事柄を学ぶのがねらい。また面接でのやりとりをロールプレイすることで、契約段階で起こりやすい問題についても学ぶ。

ワークシート❶
未払い賃金を取り戻そう

ラーメン屋になることが夢の田中さんは、求人雑誌を見て、「時給1000円（試用期間の3カ月は900円）／できるだけ長く働ける人がいいです／週3日以上入れる人を希望します／深夜手当25％アップ／やる気のある人は社員にします」と書いてあった「ぼちぼち軒」の面接に行きました。田中さんの役と店長さんの役に分かれ、面接中の会話をロールプレイしてみましょう。

● **面接中の会話**

店長「ラーメン屋は大変やけど、頑張ったら正社員になる道もあるし、独立も支援するから長期で頑張ってや！」

田中「はい、頑張ります！」

店長「よっしゃ、ええ返事や。まずは試しで入ってもらうから、時給はちょっと安めの850円な。3カ月ガマンしたら1000円になるから」

田中「はい、わかりました」

店長「それからな、深夜手当で時給が25％上がるっていうのは努力目標なんや。それで最近売り上げが厳しいから、うちの深夜手当は15％やねん。世の中不況やからなあ、すまんけどガマンしてくれるか？」

田中「は、はい」

店長「それからな、『皿を割ったら1枚につき500円の罰金。遅刻をしたら15分ごとに250円の罰金』やで。もし何かあったときのために誓約書（せいやくしょ）も書いてくれ」

田中「え？　あ、はい」

店長「よっしゃ！　ほな、さっそく今日から入ってくれ！」

● **質問**　2人の会話を読んで「おかしいな」と思ったところを出し合いましょう。面接を受けたことがある人は、これまでの面接での経験を話してみましょう。

ワークシート❷
未払い賃金を取り戻そう

1 労働法を学ぼう。

★雇われる人＝（あ　**労働者**　）は雇う人＝（い　**使用者**　）よりも立場が弱いので、労働基準法や労働契約法などの労働法によって守られています。労働時間や賃金など働くときの条件は（う　**労働基準法**　）にしたがって決めなければならず、この法律に違反した（え　**労働契約**　）は（お　**無効**　）になります。例えば、労働基準法第16条は罰金（損害賠償）の予定を禁止しているので、もし「皿を割ったら1枚につき500円の罰金」といった契約を結んでいたとしても（か　**払わなくていい**　）のです。もし労働基準法の違反があったら（き　**労働基準監督署**　）に（く　**申告**　）に行きましょう。

★労働基準法第37条によれば時間外や休日、深夜に働いた場合、賃金を最低（け　**25**　）％割り増しにしないといけません。法律で決められた時間を超えて働くことを（こ　**時間外**　）労働＝残業といいます。また深夜とは午後（さ　**10**　）時から午前5時のことです。もし時給1000円の人が、深夜に残業した場合、その分の時給は最低25％＋25％＝（し　**50**　）％増しの（す　**1500円**　）になります。残業代は（せ　**1**　）分単位で支払われなければなりません。

2 深夜手当が最低25％増しだと知った田中さんは、これまでもらっていなかった分を店長に支払わせたいと考えました。下に書いてあるやりとりをロールプレイしてみましょう。

田中「えっと……店長」
店長「なんや、もう上がりやろ？　はよ帰りいな」
田中「あの、深夜割り増しの分をちゃんと25％増しで払ってほしいと思いまして」
店長「25％いうんは努力目標で、うちは15％やって説明したやろ」
田中「いいえ、どこの店でも深夜割り増しは最低25％増しで払わなあかんって決まっているんですよ」
店長「誰が決めたんや？」
田中「労働基準法に書いてあります。罰金とるのもあかんって書いてありました」
店長「……田中、勉強しよったな。でもな、払われへんもんは払われへん。わしも若いときはラーメン屋になるっていう夢のために文句ひとつ言わず働いたもんやで」
田中「そうですか、残念です。店長がそう言わはるなら、労働基準監督署に申告に行きます」
店長「労基署!?　労基署かぁ、……んーもう払うから、面倒なことは勘弁してくれ」
田中「わかりました。それでは払ってください。お願いします」

ワークシート❸
未払い賃金を取り戻そう

1 みんなで話し合い、正しいものには○、間違っているものには×をつけましょう。

1）労働契約は、雇う人と雇われる人との間で好きなように決めてしまってもかまわない。（ × ）
2）労働基準法に書いてあることに違反する労働契約は無効である。（ ○ ）
3）賃金は、通貨で、直接労働者に、その全額を支払わなければならない。（ ○ ）
4）賃金の深夜割り増しは努力目標であり、お店の経営がうまくいっていないときは払わなくてもいい。（ × ）
5）賃金や労働時間の記録は会社から出た正式な書類でないとダメで、メモなんかとっていても意味がない。（ × ）
6）「皿を割ったら1枚につき500円の罰金」といった内容の誓約書にサインをしていても罰金は払わなくてもいい。（ ○ ）

2 労働法を学ぼう。

労働基準法第1条 労働条件は、労働者が（あ **人たるに値する** ）生活を営むための必要を充たすべきものでなければならない。

2 この法律で定める労働条件の基準は（い **最低のもの** ）であるから、労働関係の当事者は、この基準を理由として労働条件を（う **低下** ）させてはならないことはもとより、その（え **向上** ）を図るように努めなければならない。

3 ロールプレイをやってみて感じたことを書きましょう。

4 夢をかなえるためには法律違反もガマンしないといけないのか、意見を出し合いましょう。

教師用解説

●労働者って誰のこと？

　まず労働基準法は第9条で、「職業の種類を問わず、事業又は事務所（略）に使用される者で、賃金を支払われる者」が「労働者」であるとしています（**カード③**）。「使用される者」とは、社長などの「使用者」から命令を受けて働いている人のことを指します。労働者は労働法の適用を受け、使用者は労災保険に加入したり団体交渉を受けたりする義務が発生します。それに対し、自営業者や個人請負など独立し命令を受けない人は「労働者」ではありません。しかし実質的に指揮命令をしているのに契約は自営業者にし、使用者責任をまぬがれようとする脱法行為が「偽装雇用」などと呼ばれ問題になっています。最近では、「セブンイレブン」のオーナー店長が実質的に本社の指揮監督下で働いている労働者であると訴え、労働組合を結成したことが話題になりました。

　また、「経営者と一体的な立場」「出退勤の自由」「地位にふさわしい待遇」などの条件を満たす「管理監督者」は、労働時間などに関する規定の適用から除外され何時間働いても残業代が支払われないことになっています。この決まりを悪用しているのが、社会問題になっている「名ばかり管理職」「名ばかり店長」です。店長という肩書を与えられた労働者が、労働法に守られない環境で酷使され心身を破壊される例が後を絶ちません。「自分は労働法で守られた労働者だ」と思うことが、自分の身を守るための第一歩なのです。

●労働契約のルールにはどんなものがあるのでしょうか？

　労働契約の最低基準を定めているのが労働基準法であり、労働契約の基本的なルールについて定めた法律として労働契約法があります。労働基準法は第15条で労働条件の明示を義務づけており、労働契約法第4条はできるかぎり書面での確認をおこなうよう定めています（**カード⑤**）。そして、労働基準法施行規則第5条は、労働契約の期間、就業場所・業務、労働時間、賃金そして退職に関する事項を、書面により明示することを義務づけています。また常時10人以上の労働者を使用する使用者は就業規則を作り、労働者に周知させなければなりません。店長は変な誓約書を書かせる前に、ちゃんとした契約書を見せながら田中さんに労働条件のことをきちんと話すべきなのです。

　働くときのルールで最も強いのは憲法であり、第27条と第28条が労働法の根拠になっています。次に労働基準法などの労働法が強く、労働組合と使用者の間で合意した労働協約、使用者の作る就業規則、個別の契約の順で続きます。そして、就業規則で決められた水準に満たない個別契約は無効になり就業規則に書かれてあることが適用され、就業規則が労働基準法に違反している場合は労働基準法が優先されるのです（**カード①**）。

●求人広告の虚偽記載は罰金！

　店長は「時給はちょっと安めの850円な」と言って、求人広告に書いた内容と違う条件で働か

せようとしています。実は（！）虚偽の求人情報で労働者を募集した場合、6カ月以下の懲役または30万円以下の罰金が科せられることになっています（職業安定法第65条）。しかし残念ながら、ほとんど守られておらず、求人の内容と契約内容、そして実際の働き方に大きな違いがあることが横行しています。最近「求人詐欺」として社会問題になったこともあり、厚生労働省は罰則の強化を検討し始めました。求人広告にウソが書いてあっては安心して仕事を探すことはできませんし、労働市場も機能しません。状況の改善が急がれます。

●もらった賃金や働いた時間の記録はとっておきましょう

「深夜手当で時給が25％上がるっていうのは努力目標なんや」という店長の言葉はウソです。労働基準法第37条によれば、時間外労働や休日、深夜に働いた場合、賃金を25％から50％割り増しにしないといけません（残業に対する規制を目的として、2010年4月から、時間外労働が1カ月間に60時間を超える場合の割増賃金率が50％以上になりました）。時間外労働には、1日8時間労働という労働基準法に定められた法定労働時間以上働く場合と、就業規則などに決められた所定労働時間以上働く場合の2種類あります（「残業」という言葉はどちらの時間外労働にも使われています）。原則として法定労働時間を超えて残業させることは違法であり、労働基準法第36条にもとづく協定（いわゆる「三六協定」）を労働者の代表と結ばなければ1日8時間以上働かせてはいけません。労働者の代表とは、事業所の過半数を組織している労働組合か、そうした組合がない場合は選挙で選ばれた労働者の過半数を代表するもののことです（労働者代表選出選挙の投票権は非正規労働者にもあります）。就業規則を作るときも、使用者は労働者の代表の意見を聴かなければならないことになっています。

一方、働いている間は割り増し分の賃金を請求しにくいものですが、記録を残しておけば辞めたあとにも請求できます。ただし未払い賃金の請求には時効があり、2年を過ぎた分から請求する権利を失っていくので注意してください。働き始めたら、必ず求人広告や契約書、実際に働いた時間やもらった賃金の記録を残すように伝えてください。

●罰金について誓約書を書かせることはダメです

「皿を割ったら1枚につき500円の罰金」といった内容の誓約書は、労働基準法第16条に違反します。もし労働者が皿を割って損害が生じた場合、使用者は賃金を全額支払ったあとに損害を計算して請求する必要があるのです。勝手に天引きすることは許されません（**カード⑥**）。しかも、皿を割った損害金すべてを必ずしも労働者が負担する必要もありません。また仮に誓約書にサインをしていたとしても、労働基準法以下の契約は無効なので、その誓約書には何の拘束力もありません。勝手に天引きされた罰金は、未払い賃金として労働基準監督署に申告するなどして請求することができます。

一方、労働基準法第91条は「減給の制裁」について就業規則で定めることができるとしていますが、その額の上限を決めています。つまり、1日の平均賃金が1万円の場合、5000円を超える「減給の制裁」をしてはいけませんし、1カ月に支払う賃金が20万円の場合、1カ月の「減給の制裁」の総額が2万円を超えてはいけないということです。

コラム2 最低賃金

　最低賃金制度とは、国が法的強制力をもって賃金の最低限度を定め、使用者に対してその額未満の賃金で労働者を雇用することを禁止する制度です。労働者のおかれた状況をよくするために設けられたものですが、まっとうな経営をおこなう企業を守り、「国民経済の健全な発展に寄与すること」も重要な目的です。今の日本のように、賃金が安く労働者がモノのように使い捨てられる社会では、経営者のモラルが低下し経済も停滞してしまうのです。

　　最低賃金法第1条　この法律は、賃金の低廉な労働者について、賃金の最低額を保障することにより、労働条件の改善を図り、もつて、労働者の生活の安定、労働力の質的向上及び事業の公正な競争の確保に資するとともに、国民経済の健全な発展に寄与することを目的とする。

　最低賃金法は1959年に成立し、適用範囲や決定方法、額の水準などについて試行錯誤が続けられてきました。2007年の改定では、最低生活保障水準を提示しているとされる生活保護費との整合性が求められるようになり、上げ幅が上昇していきました。しかし最も高い東京都でも932円、最も安い宮崎県、沖縄県では714円とまだまだ低いままです（2016年度の改定額。最低賃金は毎年8月頃に決まり10月頃に適用されます）。

　生活費は都市部のほうがかかるという印象が強く、最低賃金も都市部のほうが高くて当然だと思われるかもしれません。しかし自動車社会の地方では車の維持費がかかるので、それほど最低生計費は変わらないという試算があります。またコンビニなどのチェーン店が広がり、おこなっている仕事や売っている商品の値段は都市も地方も違いはないのに、賃金だけは大きな差があるという状態が続いています。これでは都市に出て行く人が後を絶たないのも仕方ありません。

　一方、他国では全国一律の最低賃金額が定められています（アメリカでは州ごとにばらつきがあり、イギリスやフランスのように年齢で減額措置をとっている国もあります）。またイギリスやドイツ、フランスなどの国々の額は1000円を超えており、日本よりも低かったアメリカでも大幅に上げる州が出てきています。カリフォルニア州では2022年までに最低賃金を15ドル（約1600円）にまで引き上げていくことが決まりました。日本もさらに最低賃金を引き上げていく必要があるのではないでしょうか。

　最低賃金について考えるために、授業では次のようなことが考えられます。
- 厚生労働省のホームページで各都道府県の最低賃金を見てみる
- 生活する地域の最低賃金や賃金水準で生活に必要な収入を得られるか計算してみる
- ほかの国の最低賃金の額や社会保障制度について調べてみる

有給休暇を取ろう
週2日アルバイトする鈴木さんの場合

ねらい 有給休暇についてのやりとりをふまえ、休暇や休憩について法律がどのように定めているのかを学ぶ。

ワークシート❶
有給休暇を取ろう

鈴木さんは週2日、学校帰りに寄れる「ぼちぼち軒」で働いてきました。働き始めて10カ月が経った頃、お笑いをやっている友達からライブに誘われました。その日はアルバイトが入っていたので断ったところ、友達は「有休使えばいいやん」と言ってきました。「有休も知らんのか? 給料もらいながら休めるんやで。しかも当日『休みたい』って言ってもええねん。10カ月働いてたら多分イケるはずや」。漫才でボケ役を担当している友達の言うことなので、鈴木さんはなかなか信じられません。しかしあまりにもしつこいので、一度、店長に言ってみることにしました。

● **仕事が終わったあとの会話**

鈴木「あの今度の金曜日、お休みいただきたいんですけど」
店長「あかん」
鈴木「そうですよね……」
店長「代わりのモン探してくれるんやったらええけど、おらんのんちゃうかなあ、金曜日は」
鈴木「友達が有休、使ったらって言ってるんですけど」
店長「何や、ユウキュウって?」
鈴木「お給料をもらいながら休める法律らしいです。当日『休みたい』と言っても休めるって言ってました」
店長「何や金もらいながら休めるって、そんなゼイタク許されると思ってんのか。最近の若いモンは、何を考えとんねん。しかも当日言ってもかまわへんとか、なんぼ迷惑かけたら気が済むんや」
鈴木「そうですよねぇ、そんなこと無理ですよねぇ……。やっぱボケやったんかあ」

● **質問** 2人のやりとりを読んで、どう思いましたか? また有給休暇を取ったことがある人は、その経験を話してみましょう。

ワークシート❷
有給休暇を取ろう

1 労働法を学ぼう。

★有休とは（あ　**年次有給休暇**）のことであり、（い　**賃金**）をもらいながら休むことのできる労働者の権利です。正社員だけではなくパートや（う　**アルバイト**）と呼ばれる労働者も使うことができます。例えば５月25日から雇われ始め、出勤率（え　**8**）割以上で（お　**6**）カ月働けば、11月25日から１年の間に（か　**10**）日の有給休暇がもらえるようになります。そして１年ごとに増えていくので、次の年の11月25日には年間で（き　**11**）日間、有給休暇を取れるようになるのです。週に（く　**30**）時間以上、あるいは（け　**5**）日以上働いていれば、パートやアルバイトでも同じだけの日数を休めるようになります。また週２日しか働いていない鈴木さんも、0.5年（６カ月）以上働いているので（こ　**3**）日間の有給休暇を取ることができるのです。そして使用者は、労働者が有給休暇を使いたいと言った（さ　**時季**）に休ませなくてはならず、もし（し　**当日**）に使いたいと言われても原則として断ることはできません。

★労働基準法第32条は、休憩時間を除いて１日（す　**8**）時間、１週間に（せ　**40**）時間以上働かせてはいけないと決めています。休憩については第34条で、労働時間が６時間以上の場合は最低（そ　**45**）分、８時間労働の場合は最低（た　**1**）時間の休憩を、（ち　**一斉**）に与えないといけないとされています。

2 「ぼちぼち軒」の本社に問い合わせ、自分も有給休暇を取れることを知った鈴木さんは、店長にそのことを伝えようと考えました。下に書いてあるやりとりをロールプレイしてみましょう。

鈴木「店長、あの、今度の金曜日に有給休暇を使わせていただきたいのですが……」
店長「何を言うてんねんな、そら困るで」
鈴木「でも、どうしても行きたい予定があるんですよ」
店長「あかんあかん、ほかに人がおらんやろ」
鈴木「いえ、佐藤君が代わりに入ったんでって言ってくれてます」
店長「そうかあ。ほなええけど、お金もらいながら休むんはあかんやろ。そりゃ、ゼイタクやで」
鈴木「でもチェーン店の本社の方に聞いたら、有給休暇を取らせないのはおかしいって言ってましたよ」
店長「え、本社に問い合わせたんか!?　う〜ん、本社がそういうふうに言ってたんやったら、しゃあないな」
鈴木「本当ですか？　ありがとうございます！」

教材**5**　有給休暇を取ろう　47

ワークシート❸
有給休暇を取ろう

1 みんなで話し合い、正しいものには〇、間違っているものには×をつけましょう。

1) 有給休暇は正社員（正規雇用）しか取れない。（ × ）
2) 有給休暇は、事前に日付を指定して伝えたら、社長や上司の許可を得ることなく取ることができる。（ 〇 ）
3) 会社は、有給休暇を取った社員を辞めさせたり不利益な扱いをしたりすることはできない。（ 〇 ）
4) 会社は労働者を1日何時間でも働かせることができる。（ × ）
5) 会社の都合で労働者を休ませることになったとき、賃金の半分を払えば問題ない。（ × ）
6) 生理休暇は労働基準法に定められた権利である。（ 〇 ）

2 労働法を学ぼう。

労働基準法第32条　使用者は、労働者に、休憩時間を除き1週間について（あ　**40**　）時間を超えて、労働させてはならない。
2　使用者は、1週間の各日については、労働者に、休憩時間を除き1日について（い　**8**　）時間を超えて、労働させてはならない。

労働基準法第34条　使用者は、労働時間が6時間を超える場合においては少くとも（う　**45**　）分、8時間を超える場合においては少くとも（え　**1**　）時間の休憩時間を労働時間の（お　**途中**　）に与えなければならない。
2　前項の休憩時間は、（か　**一斉**　）に与えなければならない。
3　使用者は、第1項の休憩時間を（き　**自由**　）に利用させなければならない。

3 ロールプレイをやってみて感じたことを書きましょう。

4 仕事を休みながら賃金をもらうのはゼイタクなことなのか、話し合ってみましょう。

●教師用解説

●有給休暇は正規・非正規の区別なく取れます

　有休とは年次有給休暇のことであり、年休と呼ばれることもあります（**カード⑪**）。正規、非正規の区別なく半年以上勤務し、出勤率が8割以上という条件さえ満たしていれば取得することができます。週に30時間以上か5日以上働いている労働者は、表1にあるように採用から6ヵ月を経過した日に有給休暇をそこから1年間の間に10日使えるようになります。それ以下の時間しか働いていない労働者は、表2に定められた日数の有給休暇を取ることができます。例えば、週に3日働いてきた労働者は、2年半勤務した時点で6日間の有給休暇を使う権利を得ます。また有休は1年を経過するごとに勤続年数に応じた日数が加わっていく一方、2年間の時効を迎えると消滅してしまいます。なので、もし前年に2日しか使っていなかったら、前年の残りの4日と合わせて10日間の有休をもっていることになるのです。

表1　有給休暇の付与日数（基本）

勤務日数	0.5年	1.5年	2.5年	3.5年	4.5年	5.5年	6.5年
付与日数	10日	11日	12日	14日	16日	18日	20日

表2　短時間従業員の有給休暇の付与日数

週所定労働日数	1年間の所定労働日数	勤務年数						
		0.5年	1.5年	2.5年	3.5年	4.5年	5.5年	6.5年
4日	169日から216日	7日	8日	9日	10日	12日	13日	15日
3日	121日から168日	5日	6日	6日	8日	9日	10日	11日
2日	73日から120日	3日	4日	4日	5日	6日	6日	7日
1日	48日から72日	1日	2日	2日	2日	3日	3日	3日

●有給休暇は当日でも取れます

　使用者は労働者が有給休暇を使いたいと言ってきたら、基本的に休ませなくてはいけません（労働基準法第39条第5項）。例えば朝に熱を出してしまい休みたいというとき、電話をして有給休暇を使うこともできます。

> **労働基準法第39条第5項**　使用者は、前各項の規定による有給休暇を労働者の請求する時季に与えなければならない。ただし、請求された時季に有給休暇を与えることが事業の正常な運営を妨げる場合においては、他の時季にこれを与えることができる。

　それに対し「ただし書」にあるとおり、使用者は「正常な運営を妨げる場合」、有給休暇取得を断ることができます。いわゆる「時季変更権」と呼ばれるものです。しかし、もちろん「代わりに入る人はおらんのんちゃうかなあ」といった程度の理由では、労働者の希望（時季指定権）を侵害することはできません。代替要員の確保など相応の配慮をしたうえで、それでも業務に支障をきたす場合にのみ時季変更権は行使できるのです。また重要なこととして、有給休暇を取得した労働者に対して、賃金の減額などの不利益な取り扱いをしてはならないと労働基準法附則第

136条は定めています。「アリさんマークの引越社」では、有休を取ると事実上、賃金が下がる労務管理になっているため、裁判で争われています。

● 1日の労働時間は8時間まで。残業は基本的に違法です

　労働基準法は「労働時間」について休憩時間を除いて1日8時間、1週間に40時間以上働かせてはいけないと定めています。これ以上働かせることは基本的に違法であり、もし働かせたいと使用者が考えた場合、事業所の過半数を組織する労働組合か、労働者の過半数を代表する者との書面による協定を結ばないといけないのです（いわゆる「三六協定」）。

　次に休憩については第34条で、労働時間が6時間を超える場合は最低45分、8時間を超える場合は最低1時間の休憩を、一斉に与えないといけないとされています。休憩の間、労働者は自由であり、どこで何をしていてもかまわないのです。もし客が来たら対応しないといけないといった「休憩」の与え方をしている場合は、待機時間と見なされ賃金が発生します。最近では、住民への対応が常に求められている住み込みのマンション管理人に対して、晩酌やプラモデルを作っていた時間も「待機中」と見なされ残業代の支払いが命じられた判決がありました。

　また有給休暇とは違いますが、使用者の都合によって休まないといけなくなった場合、最低6割の賃金を補償しないといけないことになっています。使用者の都合とは「今日はお客さん少ないし帰ってくれへんか」や「改装するためにしばらく店を閉めようと思う」といった場合のことです。

　　労働基準法第26条　使用者の責に帰すべき事由による休業の場合においては、使用者は、休業期間中当該労働者に、その平均賃金の100分の60以上の手当を支払わなければならない。

● 産前産後の休暇など、法律に定められた休暇もあります

　その他の法律で定められた休暇には、産前産後の休業（労基法第65条）、生理休暇（同第68条）、育児休業（育児・介護休業法第5条以下）、介護休業（同第11条以下）、子の看護休暇（同第16条の2〜4）、介護休暇（同第16条の5〜7）があります。これらの休業に対して、使用者は賃金を支払う義務はありません。しかし産前産後休業に対しては、健康保険から賃金の3分の2にあたる出産手当金が支払われます。また育児休業と介護休業に対しては、以下の条件を満たせば雇用保険からそれぞれ育児休業給付や介護休業給付を受けることができます。もらえる額は介護休業給付の場合は基本的にそれまでの賃金の4割、育児休業給付は育児休業開始から180日目まで休業開始前の賃金の67％を支給され、181日目から休業開始前の賃金の50％が支給されます。

- 休業開始前の2年間に賃金支払基礎日数11日以上ある月が12カ月以上あること
- もし休業期間中も賃金が支払われている場合、その額が休業前の8割未満であること
- 休業期間中、1カ月のうち20日以上休んでいること

＊賃金支払基礎日数とは、基本給の支払いの対象となっている日数のことです。月給だが欠勤した日の賃金が減額されてしまう日給月給制の会社の場合、30日ある月で2日欠勤し、土日祝日が9日あった場合、賃金支払基礎日数は30－2－9＝19日になります。

教材6
不当解雇を撤回させよう
ラーメン屋で正社員として働く高橋さんの場合

ねらい 解雇や退職勧奨に関する基本的なことについて学んだうえで不当解雇を撤回するように新店長に要求するロールプレイをおこない、権利を主張する練習をする。

ワークシート❶
不当解雇を撤回させよう

> 高橋さんは、これまで人間関係がうまくいかず、お店を転々としたこともありました。このままではいけないと「ぼちぼち軒」では何とか辞めずに正社員として4年ほど働くことができています。ところが、これまで高橋さんをかわいがってくれていた店長が体調不良で辞めてしまい、代わりに彼とそりの合わなかった料理長が新しい店長になってしまいました。それから高橋さんへの新店長の嫌がらせが続いています。

● **キッチンでの会話**

新店長「ちょっと味見させてもらうわ」

高橋「またですか?」

新店長「そうや、何が悪い? まずいもん出されては困る」

高橋「前の店長の頃から、ずっと味については信頼されてきたつもりですが」

新店長「前の店長のときは前の店長の話や。店長はおれになったんやから、これからはおれの味付けに従ってもらう。嫌なら辞めてもらってもかまわへんねんで」

高橋「辞めたくないので従ってもいいですが、店長は味、わかるんですか?」

新店長「お前、何言うとんねん! 店長にはもっと敬意を払わなあかんのんちゃうか?」

高橋「敬意って、味のわからん人の言うこと聞いて、店がつぶれたらどうするんですか? 前の店長のほうがマシでしたよ」

新店長「何やその言い方は。雇ってもらえてるだけありがたいと思え、料理も接客もできんくせに。ムカつくし、明日から来んでええわ!」

高橋「クビですか?」

新店長「そうや! クビや!」

● **質問** 2人のやりとりを読んで、どう思いましたか? 「クビ」と言われたら人はどういう気持ちになるか想像し、話し合いましょう。

ワークシート❷
不当解雇を撤回させよう

1 労働法を学ぼう。

★雇う側（使用者）から一方的に「辞めてほしい」と言うことを（あ **解雇**(かいこ)）といいます。解雇されると労働者はとても困ってしまうので、誰に対してもきちんと説明できる理由のない解雇はしてはいけないと法律によって決められています。むずかしい言い方をすると、解雇には（い **客観** ）的に（う **合理** ）的な理由が必要なのです。例えば、（え **ムカつく** ）といったあいまいな理由や感情的な理由では解雇はできません。

★使用者は辞めさせるとき、労働者に対して（お **30** ）日前に伝える必要があります。もしそれができないならば（か **30** ）日分以上の平均賃金を（き **解雇予告手当** ）として支払わなければなりません。解雇予告手当は何日前に伝えるかによって額が増減し、20日前に伝えた場合は（く **10** ）日分以上の、8日前の場合は（け **22** ）日分以上の平均賃金を支払う必要があります。

「辞めてほしい」と言われ、辞める気がない場合は（こ **「辞めたくありません」** ）と伝えましょう。また「一緒に働けない」「明日から来なくていい」といったあいまいな言い方をされたときは（さ **「解雇ですか？」** ）と確認しましょう。

2 新店長の嫌がらせをやめさせたいと考えた高橋さんは、ユニオンに相談して反論の仕方を教えてもらいました。下に書いてあるやりとりをロールプレイしてみましょう。

新店長「この味じゃあ、お客さんに出せへんなぁ」
高橋「そういう言い方はやめてください。もうガマンできません」
新店長「ガマンできないんやったら辞めればええやん」
高橋「いいえ、私は辞めたくありません。これまでどおり働き続けたいです」
新店長「ほんま生意気やな。辞めへんのやったら、こっちから辞めてもらうように言うわ」
高橋「解雇ということですか？ 私は辞めるつもりはありませんが、もし解雇ということなら、その理由を紙に書いてください」
新店長「なんで紙に書かなあかんねん」
高橋「法律で決まっているんです。労働基準法第22条に書いてあります」
新店長「法律？ 何をじゃまくさいこと言うとんねん。……もうええわ」
高橋「もうええわって、どういうことですか？」
新店長「もうええから洗いもんしといて」
高橋「解雇を撤回するということですね」
新店長「わかったから、はよ洗いもんせえ」

ワークシート❸
不当解雇を撤回させよう

1 みんなで話し合い、正しいものには〇、間違っているものには×をつけましょう。

1）会社は好きなように労働者を解雇できる。（ **×** ）
2）解雇には客観的に合理的な理由が必要である。（ **〇** ）
3）解雇の予告は30日前におこなわなければならない。（ **〇** ）
4）労働者は「辞めます」と言ったら遅くとも2週間後に辞めることができる。（ **〇** ）
5）労働者から解雇理由を書面で出すように求められたとき、使用者はすぐに応じなければならない。（ **〇** ）
6）「気に入らない」は解雇の理由になる。（ **×** ）

2 労働法を学ぼう。

労働契約法第16条 解雇は、（あ **客観** ）的に（い **合理** ）的な理由を欠き、社会通念上相当であると認められない場合は、その権利を濫用したものとして、（う **無効** ）とする。

労働基準法第20条 使用者は、労働者を解雇しようとする場合においては、少なくとも（え **30** ）日前にその予告をしなければならない。（お **30** ）日前に予告をしない使用者は、（か **30** ）日分以上の（き **平均賃金** ）を支払わなければならない。

3 ロールプレイをやってみて感じたことを書きましょう。

4 協調性がなかったり、成績を上げられなかったりしたら解雇されても仕方ないのでしょうか？ みんなで話し合ってみましょう。

●教師用解説

●解雇は制限されています

民法第627条は、雇用の期間の定めがない場合（正社員あるいは「長期」と言われて働いている場合）、使用者あるいは労働者は「いつでも解約の申入れをすることができる」とし、「雇用は、解約の申入れの日から２週間を経過することによって終了する」と定めています。つまり民法では解雇自由、つまり使用者から一方的に労働契約を解約することが自由にできるのです。しかし、使用者に比べ労働者のほうが雇用の解約による悪影響が大きいことから、解雇は労働法によってさまざまな形で制限されてきました。

●解雇に対する規制にはいろいろなものがあります

まず法律では、客観的に合理的な理由のない解雇は不当な解雇であり、無効になるとされています。いわゆる「解雇権濫用の法理」と呼ばれるもので、労働契約法第16条にも明記されました（カード⑮）。また経営不振の際におこなわれる整理解雇についても、「人員整理の必要性」「解雇回避努力義務」「被解雇者選定の合理性」「労働組合・労働者との協議」の４つの要件を満たしていないといけないとされています（詳しくは教材８の「教師用解説」を見てください）。こうした規制があるため、不当解雇は団体交渉や裁判などによって撤回させることができるのです。

例えば、「仕事ができないから」という理由で解雇された人がユニオンに相談し、団体交渉をおこなうことになったとします。交渉では、本当に仕事ができないと言えるのか、仮に仕事ができないとしても会社は何度も指導をして改善させるように努力をしたのかを問います。１回くらい客からのクレームがあったという程度では理由にはなりません（解雇するためにクレームがねつ造される場合もよくあります）。仕事ができると判断して雇ったのですから、簡単に解雇はせずきちんと指導をする義務が会社にはあるのです。

また交渉をしているうちに解雇理由が変わることもよくあります。はじめは「仕事ができない」と言って解雇を通知し、交渉に行ったら「協調性がないから」と人格攻撃を始め、反論すると「経営が厳しいから解雇もやむをえない」と言い出す、といったことが実際にあります。

こういうこともあるので、「辞めてほしい」と言われたときは「解雇理由を書面でください」と応じることが大切です。労働者から求められたら、使用者はすぐに解雇理由を書面で出さないといけないと労働基準法第22条は定めています。

ちなみにロールプレイでは理由を聞いたら新店長は面倒くさがって解雇を撤回しましたが、これは「ユニオンぽちぽち」の組合員が実際に経験した話にもとづいています。解雇が労働者の生活に大きな影響を与えることが想像できず、思いつきや気分で解雇を通告する使用者が後を断たないのが現状です。

一方「解雇権濫用の法理」は労働契約法による解雇への規制ですが、そのほかに労働基準法によって制限されている解雇があります。労働基準法第19条によれば、使用者は、労働者が業務上の負傷や疾病によって療養のために休業する期間とその後30日間、あるいは産前産後の女性が休

業する期間とその後30日間は、解雇してはならないことになっています。

　また解雇による生活への影響を軽減するために、例え解雇が正当な場合でも解雇の予告を30日前におこなわなければならず、もしそれができないならば30日分以上の平均賃金を支払わなければならないとされています（カード⑮）。解雇予告手当は日数によって増減し、20日前に解雇予告をおこなった場合は10日以上の平均賃金を支払う必要があります（もちろん解雇予告手当を支払ったからといって、理由もなく解雇をしていいわけではありません）。

　逆に、「1カ月以上前に言わないと辞めることはできない」と言われて困っているという相談がユニオンに寄せられることがありますが、使用者は辞める時期について決めることはできません。労働法は使用者の行動に規制を加えるものであり、労働者は民法に定められているとおり、「辞めます」と言えば2週間後に辞めることができるのです（詳しくは教材9を見てください）。

●退職勧奨と退職強要

　会社は解雇制限をくぐり抜けるために、労働者が自ら辞めていくようあらゆる手段を用います。例えば「嫌なら辞めてもらってもいいんだよ」「あなたの席はもうないよ」「きみはほかの会社で実力を発揮したほうがいいんじゃないかなあ」「ほかの人が、君と働くのがしんどいって言ってるんだよねえ」などと言って自ら辞めるように仕向けることがあります。悪質な場合には、自己否定する反省文を何度も書かせる、長時間にわたって罵詈雑言を浴びせ続ける、意味を感じられないような作業を延々と続けさせるといったことをおこない、労働者の心を折るように仕向けてきます。

　辞めるよう誘導することを退職勧奨といいますが、その時点では必ずしも違法ではありません。しかし、執拗に退職勧奨を続けたりすると違法行為になります。この段階で退職強要と呼ばれるようになり、損害賠償の対象になります。退職勧奨にあった場合には、「それは解雇通告ですか」と聞いたり、「退職勧奨をやめてほしい」という意思を内容証明郵便などで会社に送りましょう。

●簡単に同意しないことが大切です

　新店長の「嫌なら辞めてもらってもかまわへんねんで」という言葉は、退職へと追い込もうとする嫌がらせであり、退職勧奨です。もしここで「こんな店、こっちから辞めてやるよ」と応じたら、自己都合退職になり雇用保険をもらえる時期が遅くなります（詳しくは教材16を見てください）。

　まず辞める気がない場合は、簡単に同意してはいけません。前述したように「解雇理由を書面でください」あるいは「働き続けたいので、そういうことはやめてください」と応じることが大切です。

　ユニオンに来る相談者で、会社から提示された「退職願」や「同意書」に意味もわからずサインしてしまい、相談に来たあとでその重大さに気づくということがよくあります。「自分の人生を左右する書類に簡単にサインしたらダメだよ」と生徒に強く伝えてください。なお、もしサインしてしまっても「よく意味がわからずあせらされてサインしてしまったので、取り消します」と交渉していくことができます。

ある女性労働者の闘い

2010年2月20日（土）14:30。私の戦いはこの時から始まった。

経営者Aから、「僕と気が合わないから辞めてくれ。」と言われたのである。私には辞めなければならないような落ち度はなく、納得がいかないと言うと「納得がいかないと言われても、僕の会社なんだから僕が決めていいことになってるんです。3/20まで働いたら4/20分までの給与を払う。それでいいことになってるんです。」

「おかしい！　会社ってもっと社会的なものなんじゃないの？」というのが、その時の私の素朴な疑問であった。

私の勤務先は調剤薬局である。ひとたび店舗を構えれば、それは経営者だけのものではなく、お客様として利用する患者さんのものでもあり、健康情報の発信基地として地域の皆さんのものでもあり、近隣の医療機関との連携の場でもあり、私たち従業員の働く場でもある。それに何より、気が合わないという理由で人を辞めさせられるのだろうか？

対抗するのにどんな手立てがあるのか、ネットで情報を検索するうちに「女性ユニオン東京」のHPにたどり着いた。結成宣言を読むうちに胸が熱くなった。

「ファイト　女たち」そうだ、負けてはいられない！　入社して以来、誠実に働いて来たではないか。私は、気が合わないから辞めてくれ等と言われていい存在ではないのだ。体の中から勇気が湧いてきた。

相談案内の温かいピンクのページにも励まされながら、2/22（月）の昼休みに代々木の事務所にTELをした。私が知りたいのは、今後の道筋（私自身が回復するために何が出来るのか）であった。Fさんは限られた時間の中で、余計なことは言わず必要なことは余すことなく、実に的確に助言をくれた。

請求した解雇理由証明書に書かれていた解雇理由は、事業縮小等当社の都合（継続的に経営が困難なため）とあり、「気が合わないから」とはなっていなかった（笑）。1月の半ばに従業員の募集広告を出したばかりである。それこそ「事業縮小とは合わない理由」ではないか。

2/25（木）ユニオンに加入し、団体交渉の申し込みをした。Aの代理人の弁護士は使用者側の法律事務所では有名なD法律事務所に所属しているT弁護士であった。

3/19（金）団体交渉の席でT弁護士の第一声は「解雇は撤回。解雇なんか出来るわけないじゃん。こいつ（A）は何も分かってないんだよ。」だった。Aはその場に土下座した。呆気ないほどの解決である。

「さあ、又明日から思い切り働ける」。この時の希望に満ちた気持ちは、今思い出すと本当に切ない。なぜならここからが本当の戦いだったからだ。

3/20（土）から嫌がらせが始まった。いきなりパート2名を配転（水曜以外のすべての日のシフトに入っていたパートを他店に移動）し、一人ですべての処方せんを調剤しろ。薬剤師会は経費の無駄だから脱退する。（研修会に出られなくなるのは学習の機会を奪われることだし、認定薬剤師資格も持っている私には不利益である。）医療費助成は中止する。白衣は自分で洗え

等、一方的に言い渡された。又、3/21～のタイムカードは私の分だけ無く、子どもじみたやり方にはあきれはてた。

　朝出勤すると、管理簿などが明らかにいつもと違う場所にあり、店舗の閉店時間を過ぎるとやって来ては、薬局内を家探ししている様子も見て取れた。何としても私を辞めさせるために、何かないかと必死に探していたのだろう。挙句の果て、4/1（木）に的外れの薬剤師法違反で自宅待機を命じてきた。

　4/13（火）に2回目の団体交渉をするまでの、この2週間は謂われなき薬剤師法違反を覆すために資料を集めた。私に対して違反だと言ってきた事例こそ、薬局開設者であるAの薬事法違反そのものであるからである。絶対の自信があったが、相手はD法律事務所所属の弁護士である。ここは労働弁護団のY先生の指示を仰いだ方がいいと言うFさんの冷静な判断でJ法律事務所に伺った。ここでも、小気味いいくらいの的確な助言を頂き、自信を持って交渉に臨むことが出来た。

　この交渉の2日前の4/11にユニオンの定期大会で自身の事例を話す機会を与えられ、「助けて欲しい。」と声に出してみた。

　私は常日頃、出来ることは自分でやり、出来ないことは助けて、と声に出すことが自立だと思っている。この日行動出来た（「助けて」と言えた）ことは、私の大きな力になった。

　4/13は、6人で築地の法律事務所に乗り込んだ。2週間溜まりに溜まったものを吐き出した。方針は明確だった。もう戻る気はない。Aの矛盾を思い切り突くだけだ。築地の事務所を出た時の爽快感は言葉では言い尽くせない。あの時吹いていた風と同行してくれたメンバーのことは生涯忘れることはない。もう十分だった。皮肉なことだが、Aが愚かなことは、T弁護士が一番よく分かっているであろう。もう解決金の額は問題ではなかった。私には、私と一緒に考え、行動してくれる仲間がいる。昨日まで知らなかった人が、私と共に、私のために動いてくれる。そのことに深く感動していた。

　今、交渉の途中にいる人は、寝ても覚めても自身の事案から離れることが出来ず、悔しさではらわたが煮えくりかえる日々を過ごしておいでのことと思う。どうか、自分を大切にして心から回復されることを祈っている。

　最後に、突然不機嫌になったりする不安定な私を温かい無関心で支えてくれた家族と、つらい時に食べて元気出して、とチョコを贈ってくれた友人のOさんに心からありがとう。（Y.S）（「解決しました！　気が合わないから辞めてくれ？」女性ユニオン東京機関紙『ファイト！』2010.6.15掲載より）

● その後

　「辞めてくれ」と言われたあとの2カ月間は「まさか」の嫌がらせの連続だったが、4月の団交でこちらの要求どおりの「勝利的和解」を勝ち取ることができた。自分が苦しいなかにいるにもかかわらず、私の団交に参加し、一緒に声を上げてくれたことを思い出すと、今でも胸が熱くなる。女性ユニオン東京には、今日もあの日の私のように「まさか」に驚き、傷つき、助けを求めて来る人がいる。そこには、友人でも知人でもないのに「共感」ゆえに手を差し伸べてくれるメンバーがいる。何と尊いことだろう。

● **女性ユニオン東京のホームページ**　http://www.f8.dion.ne.jp/~wtutokyo/index.htm

教材7
団体交渉をやってみよう
ユニオンに入って会社と交渉する場合

ねらい　法律に守られながら会社と対等な立場で交渉ができることなど、団体交渉の基本を知る。

ワークシート❶
団体交渉をやってみよう

> 伊藤さんは、5年間パート労働者として「地球コンピューター社」で働いてきました。勤め始めた頃はもちろんミスもありましたが、今では若い正社員に仕事を教えるほどです。しかし妊娠したことを上司に報告したところ、3日後に「辞めてほしい」と言われました。納得のいかない伊藤さんは、「ユニオンぼちぼち」に加入し団体交渉をおこなうことにしました。

●**ユニオンの交渉担当者と社長との会話**

ユニオン「もしもし、地球コンピューター社の社長さんですか？」
社長「はい、そうですが」
ユニオン「先日お送りした団体交渉の申し入れに対するお答えがまだ来ていないので、お電話を差し上げました」
社長「あー忙しくてねえ、そんなものに答えるヒマはありませんわ」
ユニオン「伊藤さんの生活にかかわる大切な話なんですよ」
社長「それやったら伊藤さんと直接話をしますわ」
ユニオン「いいえ。伊藤さんは私たちのユニオンに加入したので、組合が社長さんと話をします」
社長「何やユニオンて。あんた方には関係あらへんやろ？」
ユニオン「伊藤さんは組合員なので、そんなことはありませんよ」
社長「私には、団体交渉に応じる義務もあなたと話す義務もないんでね。それでは失礼しますわ」
（そう言うと社長は一方的に電話を切ってしまいました）

●**質問**　ユニオンと社長のどちらが正しいと感じましたか？　話し合ってみてください。

ワークシート❷
団体交渉をやってみよう

1 労働法を学ぼう。

★日本国憲法（あ **第28条**　）は、団結権、団体交渉権、団体行動権の（い　**労働三権**　）を保障しています。

★団結権は（う　**労働組合**　）を結成する権利です。（え　**ユニオン**　）と労働組合は同じもので、（お　**2**　）人以上の労働者がいればつくることができますし、すでにある労組（ろうそ）に入ることもできます。労組は、組合員から（か　**組合費**　）を集めて活動しているので、組合員であるためには組合費を払う必要があります。額は労組によってちがいます。
　使用者は、組合員に対して（き　**解雇**　）などの不利益な扱いをしてはいけないことになっています。また労組を辞めるように圧力をかけることや、労組に（く　**加入**　）しないことや（け　**脱退**　）することを条件とした契約を結ばせることも禁止されています。

★（こ　**団体交渉権**　）は労働組合が会社と交渉をする権利です。組合員になれば、（さ　**労働組合法**　）に守られながら、団体交渉によって（し　**対等**　）な立場で会社と話し合うことができます。使用者は、原則として雇っている労働者が入っている労働組合（す　**すべて**　）と団体交渉をしなければいけません。また雇われているかどうか争いのある場合であっても、（せ　**内定取り消し**　）や解雇の理由に問題があるなど使用者が労働条件などについて（そ　**決定**　）することができるとき、組合員は団体交渉を申し入れることができます。そして、きちんとした理由がないのに団体交渉を拒否すること＝（た　**団交拒否**　）は、（ち　**不当労働行為**　）と呼ばれ、禁止されています。「忙しい」「解雇した労働者とは関係ない」といった理由では、団交拒否はできません。使用者が不当労働行為をした場合、（つ　**労働委員会**　）に訴えることができます。

★団体行動権は（て　**ストライキ**　）などの争議行為をする権利です。ストライキとは労働者が働くことをやめることであり、労働者が働くことをやめてしまったら使用者は大変な損をしてしまうので、（と　**団体交渉**　）の武器になります。
　使用者は（な　**正当な**　）ストライキに対して（に　**損害賠償請求**　）をすることができません。また国家・警察も、できるだけ労働者と使用者の間に（に　**介入**　）をしないようにしなければなりません。

★次の時間までに、住んでいるところの近くにある、1人でも入れる労働組合・ユニオンの電話番号を調べてきましょう。
　（労働組合・ユニオン名　　　　　　　　　　電話番号　　　　　　　　　　　　）

2 自分のしたことが法律違反になると知った社長は、団体交渉に応じてきました。下に書いてあるやりとりをロールプレイしてみましょう。

ユニオン「それでは出席者がそろったところで、団体交渉を始めたいと思います」
社長「ふん」
ユニオン「まず社長さんは伊藤さんに解雇を言い渡したとのことですが、解雇理由は何ですか？」
社長「理由は本人に、もう言うた」
ユニオン「いいえ、伊藤さんは『妊娠したことを報告したら急に解雇された。理由は何も言われなかった』と言っていますよ。妊娠を理由とした解雇は無効になると、男女雇用機会均等法で決められていることはご存じですか？」
社長「え？　……いや、理由は妊娠ちゃうで」
ユニオン「じゃあ、何ですか？　それが証明できなければ解雇は無効です」
社長「まず仕事ができへん。それに協調性もない。社長への口のききかたもなってへん。これだけあれば十分やろ」
ユニオン「いえ、十分ではありません。まず仕事ができないということですが、伊藤さんは５年も御社で働いておられますよね。その間、伊藤さんはパート労働者ですが、正社員が担当しているような大事な仕事もまかされるようになっています。これは伊藤さんが仕事を覚えるのが速かったからではないんですか？」
社長「それくらいの仕事、うちに入ったもんは誰でもやっとる」
伊藤「ウソですよ。私、課長から『仕事覚えるの、速いなあ』ってよくほめられましたよ。それに部長からパソコンの使い方を聞かれることもよくありました」
社長「そういう態度が生意気なんや」
ユニオン「ちょっと社長さん、そういう発言はいけませんよ。解雇は、客観的に合理的な理由を欠いているなら無効ですよ。また、社会通念上相当であると認められない場合もダメですよ。だからもし生意気だからといった理由で解雇しているのだとしたら、それは不当な解雇なので撤回してもらいます」
社長「実は不況で経営が苦しいんや。それで泣く泣く伊藤さんに辞めてもらおうということになって……」
伊藤「理由が変わってるじゃないですか」
ユニオン「社長さん、団体交渉には誠実な態度で対応しないといけないんですよ。そういう態度では困ります」
社長「経営が苦しいのはウソちゃうで。それで誰かに辞めてもらおうという話になったとき、ほかの人に比べて仕事のできない伊藤さんにお願いしようと」
ユニオン「整理解雇の４要件はご存じですか？　本当に人を解雇する必要があるのか、あるとしてもそれを回避する努力をきちんとしたのか、解雇する人の選び方に合理性があるかどうか、そのうえできちんと労働者に説明しているのか。もし伊藤さんの解雇が整

理解雇だとしても、この条件を1つも満たしてないじゃないですか」

社長「……」

ユニオン「社長さん、何か言ったらどうですか？」

社長「ちょっともう時間やから、帰ってくれ。帰らんかったら警察呼ぶで」

ユニオン「呼んでくださって結構ですよ」

　（社長が警察を呼ぶ）

警察「どうされましたか？」

社長「『帰れ』と言うのに帰らんのや」

ユニオン「団体交渉の途中に社長さんがいきなり警察に電話しはったんですわ」

警察「あー、団体交渉中ですか。社長さん、それは民事ですから、警察は何もできひんのです」

社長「何もできひんて、何でやねん」

警察「法律でそうなってまして。社長さんもね、きちんと話し合いに応じないかんよ」

社長「おい、どっちの味方やねん！」

警察「どっちの味方もないですわ。それじゃ、失礼しますね」

ユニオン「さあ社長さん、席についてきちんと話し合いましょう」

社長「もう、わし、どないしたらええんか、わからへん」

ユニオン「解雇を撤回すればいいんですよ」

社長「わかった。弁護士に相談するからちょっと待ってくれ」

　（その後、弁護士にも間違っていると言われた社長は解雇を撤回し、伊藤さんは職場に戻った）

＊ユニオンの交渉担当者は1人とは限りません。何人かで担当者の役を手分けしておこなうこともできます。

ワークシート❸
団体交渉をやってみよう

1 みんなで話し合い、正しいものには〇、間違っているものには×をつけましょう。

1) 労働組合に入って団体交渉をすることは、労働者の権利である。（ 〇 ）
2) 10人以上の労働者がいなければ、労働組合をつくることはできない。（ × ）
3) 使用者は、忙しかったら団体交渉に応じなくてもいい。（ × ）
4) 組合に入ったことを理由に解雇することは禁じられている。（ 〇 ）
5) 会社に団体交渉を申し入れるときには雇われていなければならない。（ × ）
6) 不当労働行為があったら労働委員会に訴えることができる。（ 〇 ）

2 労働法を学ぼう。

憲法第28条 勤労者の（あ **団結** ）する権利及び（い **団体交渉** ）その他の団体行動をする権利は、これを保障する。

労働組合法第1条 この法律は、労働者が使用者との交渉において（う **対等** ）の立場に立つことを促進することにより労働者の地位を（え **向上** ）させること（略）を目的とする。

労働組合法第7条 使用者は、次の各号に掲げる行為をしてはならない。
1 労働者が労働組合の組合員であること、労働組合に加入し、若しくはこれを結成しようとしたこと若しくは労働組合の正当な行為をしたことの故をもつて、その労働者を（お **解雇** ）し、その他これに対して不利益な取扱いをすること又は労働者が労働組合に加入せず、若しくは労働組合から脱退することを（か **雇用条件** ）とすること。（略）

2 （き **使用者** ）が雇用する労働者の代表者と（く **団体交渉** ）をすることを正当な理由がなくて拒むこと。

3 ロールプレイをやってみて感じたことを書きましょう。

4 働くことをやめるストライキは労働者の重要な闘い方であり、法律で認められた権利です。しかし電車が止まったりする場合もあり、利用者にとっては困ることもあります。労働者と利用者（消費者）それぞれの立場からストライキについて話し合ってみましょう。

教師用解説

●ユニオンは働く人のための組織です

　近代社会の大きな特徴は、雇われ、労働力を売ることによって生きる人々が社会の多くを占めるようになったことです。労働力とは人間の労働能力の要素の総和のことであり、人間の心身と切り離すことができません。労働力が売り買いの対象、つまり商品として扱われるということは、競争によってその価格がどんどんと低下していく可能性があるということです。労働力の価格が下がりすぎると、労働者の生活は立ち行かなくなってしまいます。そこで、その価格を維持あるいは上昇させるために、労働者同士の競争を排し集団で使用者との価格交渉をしていこうということで労働組合が現れました。団体交渉は collective bargaining を訳したものですが、原語に即して訳せば集団的価格交渉といった意味合いになります。企業も合併や買収などによって巨大化して値引き競争が起こらないようにしており、それと同じような発想です。しかし憲法には、企業の合併について書かれていませんが、労働者の団結権については第28条で規定しています。それは社会的に弱い立場におかれている労働者の権利を、国として保護していかなければならないと考えているからです。

●権利を守るために団体交渉をしましょう

　団体交渉の主要な意義は労働力の価格の交渉をおこなうことですが、教材7の団体交渉では不当解雇の撤回について扱っています。団結権はすべての労働者に保障されているとして、日本では1人の労働者についての団体交渉の申し入れも会社は断れないとされています。そこで労働者一人ひとりの労働問題を解決する手段として団体交渉がおこなわれてきました。その担い手になっているのが、1人でも誰でも入れることをうたっている「ユニオン」です。ユニオンでは労働相談を電話やメールなどで受け付け、団体交渉をすることによって労働問題の解決をはかっています。また労働基準監督署への付き添いや生活保護申請への同行をおこなっているユニオンもあるので、労働問題などが起こったらユニオンに相談するよう生徒には勧めてください。

●労働組合法は組合に入った労働者を守ります

　労働組合法第1条2項は、労働組合による正当な行為に対しては刑事責任を問われないと定めています（刑事免責）。また同法第8条は、正当な争議行為によって損害を受けても使用者は損害賠償を求めることができないとしています（民事免責）。使用者が、こうした強い権利をもった労働組合に労働者が入ることを嫌がることは予想でき、そのため組合員を解雇したり組合から脱退することを契約に盛り込んだりすることも不当労働行為として労働組合法は禁じています。また正当な理由もなく団体交渉を断ることも不当労働行為です。こうした労働者の団結権を擁護し、不当労働行為への救済をおこなうために労働組合法にもとづいて設置された行政機関として労働委員会があります。

教材8

雇い止めを撤回させよう
食品工場で期間工として働く渡辺さんの場合

ねらい 有期雇用労働者が雇い止めされる事例から、整理解雇や雇い止めについて理解する。また、雇い止めの撤回を求めるロールプレイをおこない、権利を主張する練習をする。

ワークシート❶
雇い止めを撤回させよう

渡辺さんは食品工場の期間工として6カ月更新の有期雇用契約を自動更新し、4年間働いてきました。その間、いつか正社員になれると信じて工場の寮で暮らしてきました。しかし、受注減を理由に雇い止めをされそうになっています。

● **終礼のあとの会話**

工場長「渡辺さん、これまでよう頑張ってくれたなあ」
渡辺 「工場長、これまでって、どういう意味ですか?」
工場長「きみも知ってのとおり、不景気になって受注もどんどん減ってきてるやろ。せっかく来てもろうても前みたいに仕事もしてもらわれへんから、そろそろな」
渡辺 「工場長、『きみにはずっと働いてもらいたい』『いずれはもっとちゃんとした形で雇いたい』って言ってたやないですか」
工場長「そらなあ、そうは思ってたときもあったけど、こんな状態じゃなあ。今の正社員のもんやその家族の生活を守っていかなあかんから」
渡辺 「僕は工場長の言葉を信じて、ずっと頑張ってきたのに。こんなに、突然辞めてくれって言われても……」
工場長「『突然』って言うけど、きみとの契約は『6カ月』になってて、それを更新してるだけやからなあ。それは一番初めに説明しといたと思うけどなあ」
渡辺 「一番初めに聞いた気もしますけど……」
工場長「じゃあ、この退職届にサインしてくれるか?」
渡辺 「あー……はい、わかりました。長い間お世話になりました」

● **質問** 2人のやりとりを読んで、どう思いましたか? 話し合いましょう。

ワークシート❷
雇い止めを撤回させよう

1 労働法を学ぼう。

★期限の定めのある（あ　**有期**　）契約の場合は、使用者は契約期間を必要以上に（い　**短く**　）することによって、契約の（う　**更新**　）を何度も繰り返してはいけません。また、契約期間中の（え　**中途**　）解約については、やむを得ない理由がある場合でなければおこなってはいけません。一方、期間の満了とともに更新を拒絶する（お　**雇い止め**　）については、期間の定めのない契約と同じような働き方をしていたり、雇用が続くと思っている労働者の（か　**期待権**　）が法的に認められたりする場合は解雇と同じ扱いになります。使用者が経営不振で人員削減のためにおこなう（き　**整理**　）解雇は労働者に責任がないため、整理解雇の（く　**4要件**　）を満たしていなければなりません。それは、①どうしても会社の経営上、解雇が必要なのか、②解雇をしないための努力をしたのか、③労働者の選び方は合理的か、④解雇される人や労働組合との話し合いをきちんとおこなったかです。

2 雇い止めにあうかもしれないと考えた渡辺さんは、ユニオンに相談して備えていました。工場長とのやりとりをロールプレイしてみましょう。

工場長「きみとの契約期間は『6カ月』になっている。これについては最初のときに説明しといたはずや。不景気で仕事がなくなってきたから、きみとの契約はもう更新しない」

渡辺「確かに契約書は6カ月更新になっていますが、面接では『できるだけ長く働いてほしい』と言われましたよ。それにこの4年間、更新の手続きもしたことがないですし、このままずっと雇ってもらえるものだと思っていました」

工場長「いちいちきみも面倒くさいと思って、こっちで手続きはしてきとったんや」

渡辺「正社員にしてやるって言われて、4年間も給料に差があるのに社員さんと同じ仕事をしてきて、期待させたんですから、クビにするのも社員さんをクビにするのと同じように、どうして僕なのか、ほかに経営を立て直す方法はないかとか、ちゃんとした説明をしてください」

工場長「あれは景気のよかったときの話で、事情が変わったんやから問題ないやろ」

渡辺「いいえ、有期契約にして必要以上に契約期間を短くして更新を繰り返すのはだめだし、一定の場合には、使用者による雇い止めが認められないことも労働契約法に書いてあるんです。厚生労働省が出しているこのリーフレット*も見てくださいよ」

工場長「な、なんやこれは。有期雇用いうてもクビにするのは簡単な話と違うんやな」

渡辺「そうですよ。もういっぺん考え直してもらえますよね」

工場長「わかった。この不景気を乗り切るのに、ほかの方法はないか考えてみるわ」

＊リーフレット「労働契約法改正のポイント」厚生労働省、2012年。

ワークシート❸
雇い止めを撤回させよう

1 みんなで話し合い、正しいものには○を、間違っているものには×をつけましょう。

1) 経営不振に陥ったら誰でも解雇してかまわない。(×)
2) 整理解雇をおこなうための条件は1つである。(×)
3) 1年間だけの労働契約を結ぶとき、雇う人は契約の更新をおこなうかどうかについて明らかにしていないといけない。(○)
4) 雇い止めの理由を聞かれても、使用者は別に答えなくてもかまわない。(×)
5) 妊娠を理由に雇い止めをすることは法律違反である。(○)
6) 何回も更新している有期雇用契約は期待権が発生し、期限の定めのない労働契約と同じ扱いを受けることがある。(○)
7) 同一の使用者との間で、有期労働契約が通算で5年を超えて反復更新された場合は、労働者の申し込みにより、無期労働契約に転換できる。(○)

2 労働法を学ぼう。

労働契約法第17条 使用者は、期間の定めのある労働契約について、(あ やむを得ない) 事由がある場合でなければ、その契約期間が (い 満了) するまでの間において、労働者を解雇することができない。

 2 使用者は、期間の定めのある労働契約について、その労働契約により労働者を使用する目的に照らして、必要以上に (う 短い期間) を定めることにより、その労働契約を反復して更新することのないよう配慮しなければならない。

労働契約法第18条 同一の使用者との間で締結された二以上の有期労働契約の契約期間を通算した期間が (え 5年) を超える労働者が、当該使用者に対し、現に締結している有期労働契約の契約期間が満了する日までの間に、当該満了する日の翌日から労務が提供される (お 期間の定めのない) 労働契約の締結の申込みをしたときは、使用者は当該申込みを承諾したものとみなす。この場合において、当該申込みに係る期間の定めのない労働契約の内容である労働条件は、現に締結している有期労働契約の内容である労働条件と (か 同一) の労働条件とする。

3 ロールプレイをやってみて感じたことを書きましょう。

4 不景気に仕事を失うことは仕方のないことなのか、話し合いましょう。

教師用解説

●経営不振だからといって自由に解雇をしてはいけません

　解雇には、懲罰として就業規則に則っておこなわれる懲戒解雇、就業規則の解雇事由を適用されておこなわれる普通解雇、普通解雇のなかでも使用者が経営不振の打開や経営合理化を進めるために余剰人員削減を目的としておこなわれる整理解雇など、さまざまなパターンがあります。解雇事由（どういうときに使用者は労働者を解雇できるか）は、就業規則に必ず書かれていなければならない事項です。普通解雇の事由には、労働者の能力や適格性が欠如・喪失していることなどがあります。就業規則に書いてある事由以外の解雇は許されないのか（限定列挙）、想定される事例を書いていればいいのか（例示列挙）については争いのあるところです。一方、懲戒解雇の事由には経歴詐称や職務懈怠、業務命令違反などが挙げられますが、就業規則に書かれていない事由による懲戒解雇は原則として無効です。また労働契約法第15条は、仮に懲戒できる場合であったとしても、処分の内容が客観的に合理的な理由を欠き、社会通念上相当であると認められない場合は濫用にあたると定めています。

　教材で問題になっているのは、経営不振によっておこなわれる「整理解雇」と契約期間の満了をもっておこなわれる「雇い止め」の正当性についてです。ここではまず整理解雇について説明をしていきます。

　整理解雇には労働者側に責任がないため、整理解雇法理と呼ばれる4つの基準があります。

　①使用者は経営状況や経営戦略について明らかにし、解雇をおこなう経営上の必要性が客観的にあるのか立証する必要があります（人員整理の必要性）。ちなみに、経営上削減する必要のある人員以上に労働者を解雇しようとした場合、被解雇者全員の解雇が無効になるという判例もあります。②整理解雇は最終手段であり、使用者は解雇を避けるためにさまざまな努力をしなければなりません（解雇回避努力義務）。例えば役員報酬の削減、配置転換や希望退職の募集などです。経営難を招いた責任を経営者がとらず、自分たちの報酬は高いまま整理解雇をしようとするような場合がありますが、こうした解雇は無効になります。また希望退職を募集せずにおこなった解雇も、解雇権を濫用したものと判断される場合が多いです。③誰を整理解雇の対象とするのか、使用者は客観的で具体的な基準を示さなければいけないことになっています（被解雇者選定の合理性）。まず人選基準が明確にされなければならず、基準をまったく設定しない場合や、基準に合理性がない場合などは、解雇は無効とされます。基準も「適格性の有無」といった抽象的なものであってはならず、具体的な場合でも経営改善に関係のないものであれば合理的でないと評価されます。一方、非正規労働者を正規労働者よりも優先的に整理解雇（雇い止め）の対象とすることを合理的だとした判例もありますが、整理解雇法理が類推適用され、雇い止めが必要ないと判断される状況であれば、雇い止めは正当化されません。④労働協約に解雇同意・協議条項があるか否かにかかわらず、使用者は労働組合や解雇の対象になった労働者と十分な話し合いをしなければなりません（労働組合・労働者との協議）。

　以上の4つの判断基準は「整理解雇の4要件（または「4要素」）」と呼ばれています。権利濫用

を考慮する際の要素と考えるのか、それとも解雇を正当とするための要件と考えるのか議論が分かれているようです。しかし伝統的には「4要件」といわれており、教材7の団体交渉のロールプレイでも「4要件」という言葉を使って会社と交渉しています。

●有期の雇用契約を結ぶときの大切なルールをおぼえましょう

　季節的な仕事など、内容によっては1年や半年などの期限の定めのある有期契約（有期雇用）が適している場合があります。しかし、いたずらに期限の短い有期雇用を結ぶことは、いつ雇用を切られるかわからないという不安を与え労働者を弱い立場に追い込みます。そこで、労働契約法第17条、第18条、第19条、第20条によって、いくつかのルールが設けられているのです。

　まず使用者は、継続して仕事があるにもかかわらず契約期間を細切れにし、何度も更新を繰り返すというようなことはしないように配慮しなければなりません（**カード⑯**、労働契約法第17条2項）。例えば仕事はずっとあることが見越せているのに、1カ月更新を繰り返すといったことは非常に問題です。そして契約を結ぶ際に、契約期間がどれくらいか、契約が更新されるのかどうか、更新の判断基準は何か、賃金や労働時間がどのようになっているのか、などについて書面で明示しておかなければなりません（労働基準法施行規則）。また2012年、「労働契約法の一部を改正する法律」で、有期労働契約が反復更新されて通算5年を超えたときは、労働者の申込みにより、期間の定めのない労働契約に転換できることになりました（労働契約法第18条）。

●契約期間中の中途解除と雇い止めの違いについて知っておきましょう

　有期雇用労働者の契約期間中の中途解約については、やむを得ない理由がある場合でなければおこなってはいけないとされています（**カード⑯**）。もし会社が無理をして中途解約した場合、中途解約を無効として地位の確認を求めることもできますし、損害賠償を請求することもできます。

　一方、期間の満了とともに更新を拒絶する「雇い止め」については、実質上期間の定めのない契約と異ならない状態にあるといえるかどうか、また、雇用継続に関する労働者の期待利益（期待権）を法的に保護すべきかどうか、で判断されています。今回のケースは、①職務内容・勤務実態が正社員と同一かそれに近いものと考えられます。また、②契約期間がすでに4年になっており、③更新の手続きが形骸化しています。そのうえ、④雇用継続を期待させるような発言を使用者がおこなっていることなどを考えると、期間の定めのない契約と実質的に異ならない状態になっていたといえますし、労働者の既得権は保護されるべきといえます。よって、この雇い止めは解雇と同じ扱いを受けるべきであり、「客観的に合理的な理由を欠き、社会通念上相当であると認められない場合」ですので、不当なものであり無効だということができるのです（労働契約法第19条）。

　雇い止めの理由も解雇理由と同じように、労働者は使用者に書面で明らかにさせることができます。またその理由は、契約期間の満了とは別の理由とすることが必要です。もし雇い止めに納得してない場合、「退職届」などの書類に簡単にサインしてはいけません（あとになって「どんな書類か理解していなかった」として、「退職」の意思表示を無効として争う余地はありますが）。

　また、有期労働契約を締結している労働者が期間の定めのない労働契約をしている労働者との間で、労働条件が「職務の内容」を考慮して、不合理と認められるものであってはいけないことも明文化されました（労働契約法第20条）。

職場の人格支配——ブラック企業・ブラックバイト

　労働法が全然守られない、身体暴力や人格否定するような強烈な人権侵害がおこなわれている、そんな職場が実はかなりあります。そういう所が近年「ブラック企業」「ブラックバイト」と呼ばれて焦点化されました。

　厚生労働省は2013年末に企業・事業所への立ち入り調査を実施し、全体の約8割にあたる4000社以上で労働基準関係法令への違反があることが明らかになりました。それに対する闘いも進み、例えばワタミ株式会社は会社側の全面敗北での和解が成立しています。

　また、法律上はいろいろな労働者の権利があるとしても、社長や店長などが人間関係や硬軟織り交ぜた巧みなコミュニケーションをうまく使って合理的に支配し、文句を言わせないよう、辞めさせないようにしていく状況もあります。そういうときは、まず職場の仲間同士で、「こういう状況、どう思う？」と話したり、ユニオンにも相談して、現実的な改善策を考えて、店長などにも相談するかたちで何とかしてもらえないかと柔らかく言っていくようなことも必要でしょうね。

　ここでは今、大問題になっている「アリさんマークの引越社」の状況を紹介します。アリさんマークの引越社では、社員やアルバイトに引越荷物や車両事故の弁償をさせ、違法に給与から天引きしていました。数百万円もの高額な借金を背負わされ会社を辞められなくなっている人、退職してからも払う必要のないお金を毎月支払っている人が大勢いました。

　これをおかしいと思ってプレカリアートユニオンに加入し団体交渉をおこなった社員Aさん（34歳）に対して、会社はAさんを営業職から「追い出し部屋」であるシュレッダー業務に異動させました。次にAさんが配転無効の確認を求めて提訴したら、懲戒解雇しました。そのうえ、2015年8月にはAさんを懲戒解雇したという通知を、「罪状」という表現で顔写真を載せ、グループ会社全支店に張り出しました。全支店に貼り出すことでほかの従業員に対しても「一生を棒に振ることになる」と脅しました。

　Aさんが解雇無効の仮処分を申し立てると、引越社は懲戒解雇を撤回し、復職を命じました。2015年10月1日からAさんが復職するなか、会社の一連の対応に対してユニオンが会社の前で抗議行動をおこなうと、井ノ口晃平副社長ら管理職が尋常ではない恫喝的言動をとりました（これはYouTubeで見ることができます）。そして復職したにもかかわらず、シュレッダーの後ろ側壁に、「北朝鮮人は帰れ！」「過激派の流れを汲むような怖い人は去れ！」と書いた紙、Aさんの顔写真、氏名、年齢を書いたものを貼っていることが判明し、反省の態度がないことが判明しました。

　このような悪質なケースでは、ユニオン、弁護士に相談して闘っていくことが必要です。Aさん・元社員たち40人以上が今、全国の各所裁判所に提訴して闘っています。

教材9
辞めたいのに辞めさせてくれない
引越会社でパワハラされている北村さんの場合

ねらい いろいろな理屈をつけて「辞めさせない」ということが日本の職場に蔓延（まんえん）しているので、それにだまされないような知識を得ることをめざす。

ワークシート❶
辞めたいのに辞めさせてくれない

> 引越会社A社では、社員やアルバイトに引越荷物や車両事故の弁償をさせ、違法に給与から天引きすることが横行しています。パワハラもよくある職場です。社員の北村さん（37歳）は、上司の小西支店長に「会社を辞めたい」と言うことにしました。

北村「私が、車両を少し道路の木に接触させた件で、朝礼で『45万円弁償しろ』『下手くそだ』とか言われましたけど、あれはほとんど傷もついていないし、車の機能にもなんの問題もないはずです」

小西支店長「規定どおり、払ってもらうで」

北村「いえ、あんなことで45万円も取るなんて納得できないです。で、もう辞めたいと思っています」

支店長「えっ、急になんや。そんなん勝手に辞められへんで」

北村「えっ、そうなんですか」

支店長「おれが納得できる理由がないと認められへんで。しかも今、人手不足やいうことはわかってるやろ。あまりに無責任違うか。代わりのヤツおるんか」

北村「代わりの人、すぐには見当たらないです」

支店長「ほんだら無理やな。もし今辞めたら、車の45万円に加えて、会社がいろいろ迷惑こうむることへの損害賠償金、500万円以上になるで」

北村「そ、そんなの、無理です！」

支店長「しかも3カ月は辞めるのは絶対無理やからな」

● **質問** 2人のやりとりを読んで、どう思いましたか？　話し合いましょう。
辞めさせてもらえない経験がある人は、どんなことを言われたのか、話してみましょう。経験がなくても、こういうのがあるらしいというのを出し合いましょう。

ワークシート❷
辞めたいのに辞めさせてくれない

1 労働法を学ぼう。

★労働者が会社を辞めたいと思ったとき、会社が許さないと辞められないというわけでは（あ　**ありません**　）。辞める理由についても（い　**自由**　）です。「期間の定めのない雇用契約」（無期雇用）の場合、労働者から「雇用契約を解約したい」（つまり「辞めたい」）と伝えれば、（う　**2週間**　）で辞められます（民法627条）。ただし、そのためには（え　**退職届**　）を出して明確に辞める意思を表すことが必要です。

　雇用期間が〇月〇日から〇月〇日までと定まっている有期雇用の場合は、労働者が約束した日まで働くことが（お　**原則**　）です。雇っている側も契約期間の満了前に労働者を辞めさせることは（か　**できません**　）。

　ただし、「体調を崩して働けない」「家族の病気で看護が必要となって出社できない」といった（き　**やむを得ない事情**　）がある場合は、2週間を待たずに辞められます。

2 弁護士と厚生労働省に問い合わせ、「辞めさせない」と会社が言ったことがおかしいと知った北村さんは、小西支店長にそのことを伝えようと考えました。下に書いてあるやりとりをロールプレイしてみましょう。

北村「先日の車両に傷をつけた件ですが、弁護士さんに聞いても45万円は高すぎるし、一方的に給料から天引きをするというのもおかしいと教えてもらいました。辞めると賠償金500万円というのもダメだと聞きました。どうして45万円と500万円なのかわかる文書、例えば見積書とか、修理代金領収書とか根拠となる文書を出してもらえますか？」

小西支店長「お前、勝手に弁護士に相談したんか！」

北村「何か問題ありますか？」

支店長「そういうことは外部に言わんと、まず上司と話し合うべきやろ。勝手なことするな！　どんだけ会社に迷惑かけるんや！」

北村「そういう発言も問題だと思いますよ。それから辞める件ですが、退職届を持ってきました。受け取ってください」

支店長「ちゃんと理由を言えって言うてるやろ。それに急には無理や。代わりのヤツを連れてきたとしても早くて3カ月後になるで」

北村「その点も弁護士さんや厚生労働省に聞いたんですが、全部おかしいということです。理由は『一身上の都合』でいいし、3カ月ではなく2週間で辞められるそうです。なんなら本社の人事部に今、電話で聞きましょうか？」

支店長「い、いや、ちょっと待て。うーん、まあ、そのあたり、こっちもまた調べとくからほかに言うのはやめてくれ」

ワークシート❸
辞めたいのに辞めさせてくれない

1 みんなで話し合い、正しいものには○、間違っているものには×をつけましょう。

1）労働者が会社を辞めたいと思ったら、詳しい理由を書いて、上司の許可をもらう必要がある。（ × ）

2）労働者が会社を辞めたいと思ったら、自分の代わりになる人を見つけてくる必要がある。（ × ）

3）労働者が会社を辞めたいと思ったら、退職届を出せばその日から辞められる。（ × ）

4）会社が退職届を受け取らないと言ったら、退職届を内容証明郵便で送るのがよい。（ ○ ）

5）「辞めるなら裁判して賠償金をあなたに払わせる」と言われることがあるので、その場合は辞めないほうがよい。（ × ）

6）退職届を出しても、会社が離職票を出してくれない場合、会社を辞めたことにならないし、失業手当ももらえない。（ × ）

7）会社側が「辞めるなら自己退職は認めず懲戒解雇にする」と言ってきたら、辞めることはあきらめるか、「懲戒解雇でいいです」と言えばよい。（ × ）

8）「辞めるなら給料のカットを認める誓約書を書きなさい。それを書かないと辞められない」と言われたら、サインすればいい。（ × ）

2 ロールプレイをやってみて感じたことを書きましょう。

3 急に辞めると言うと会社に迷惑をかけるので 辞めるなら十分に準備して時間をかけて了解を得るべきだという考えもあると思います。辞めさせてくれない場合どうするか、辞め方について話し合ってみましょう。

教師用解説

●辞めさせてくれない事件が多発しています

通常、労働問題というと「仕事を続けたいのに解雇された」といったことを思い浮かべると思いますが、実は最近「辞めたいのに辞めさせてもらえない」という相談が増えているのです。例えば、次のような事例です。
- 過酷な労働でうつ病になったので辞めたいと言ったのに辞めさせてくれない。苦しくて死にたい。
- 上司に辞表を出したが目の前でビリビリに破られ、「あなた、ばかなの？」と言われた。
- 正社員採用という約束だったのにいつまでも試用期間のままにされるので、辞めたいと言ったが「勝手に辞めるなんて常識がない」と怒られた。
- 人が足りない、次の人が来るまでということで、アルバイトなのにずっと辞めさせてくれない。
- 「代わりを見つけてこい」と言われた。
- 「今辞めたら、弁護士を使って賠償金を請求する」と言われた。
- 契約書に「退職届は2カ月前に提出」「退職する場合は会社が指定した者に業務の引き継ぎをしなければならない」と書いてあることを盾に辞めさせてくれない。
- 「3年は勤めると約束して入社したではないか」と言って辞めさせてくれない。
- 辞めたいと言ったら、辞めることを撤回するまで部屋から出られない状態で監禁され、「辞めない」という文書に署名させられた。
- 「明確かつ合理的な理由がないと辞められない」と言われた。

●法的には2週間前に言えば辞められます

こうしたことは労働者の権利を侵害する不当な行為です。退職は、原則として労働者が辞めたいと言えば成立します。会社の承認が必ず必要というものではありません。理由についても自由で、「会社が納得する理由を言わないといけない」ということはなく、「一身上の都合」というだけでOKです。もちろん、できれば事前に「いついつにやめたいと思います」といって引き継ぎをちゃんとするのが常識的対応でしょうが、さまざまな事情があるでしょうから、辞めたければ辞めればいいのです。

民法627条では「期間の定めのない雇用契約」（無期雇用）の場合、労働者からの解約（退職）の申し入れ後、2週間で辞められるとしています。退職届を提出した2週間後に、退職が成立したと思って会社に行くのをやめることは可能です。会社の就業規則に2週間より前に申し出ることが必要と書いてあっても、基本的には2週間前で大丈夫です。ただし、就業規則も大事なので、チェックしておいたうえで就業規則もクリアしているほうが無難です。

また雇用期間が〇月〇日から〇月〇日までと定まっている有期雇用の場合、雇っている側は契約期間の満了前に労働者を辞めさせることはできませんが、労働者もその期間は働くことが原則です。「原則」というのは、「やむを得ない事由」がある場合は、各当事者は直ちに契約を解除することができると民法628条に書いてあるからです。ただし「やむを得ない事由」がないのに契約期間内で辞める／辞めさせる場合、相手方に対して損害賠償をする義務があります。

体調を崩して働けないとか、家族の病気で看護が必要となって出社できないというような場合は、「やむを得ない事由」ということで、2週間を待たずに辞められる可能性が高くなります。そこは交渉したらいいと思います。

●注意すべきこと

退職の権利はあるものの、そのためには退職届を出して明確に意思をあらわすことが必要です。「退職届を受け取っていない」と会社がウソを言えないよう、あるいは会社が手渡しでの受け取りを拒否するような場合は、退職届を内容証明郵便で送っておくとよいでしょう。

会社を辞める権利はありますが、一部の会社は無理筋でも意地になって「損害金を払え」「絶対に退職は認めない」と言ってくる場合があります。しかし、「退職を認めない」と言われても無視して辞めればいいです。会社が「賠償金を請求する」と言ってもほとんどの場合、そんなことはしません。なぜならそんなことをしても裁判で会社側に勝ち目はないからです。ですから恐れることなく辞めればいいです。辞めたからといって労働者側が賠償金を払う必要はありません[1]。レアケースですが、脅しや嫌がらせで会社が裁判を起こしたら受けて立って闘えばいいのです[2]。

離職票での意地悪をしてくる場合もありますが、大丈夫です。会社は、通常、退職した人が失業保険を受け取れるように、会社から社員が退職した翌日から10日以内に離職票を出す手続きを取ります。しかし会社によっては、意地悪でこれをしない場合があり、そうなると労働者は退職したとしても離職票を受け取ることができず失業保険の手続きをおこなえないのです。そのような場合はハローワークに行って、ハローワークから会社に離職票を出すように言ってもらったり、離職票がなくても手続きを進められる方法をとるよう相談してください。

また、辞めたいと言ったときに、会社側が「自己退職は認めず懲戒解雇にして業界で活動ができないようにしてやる」とか「自己退職と書くが、そうするとあなたは再就職できなくなるよ」などと脅す場合があります。法律の知識がないと、何かとても困ることになりそうで辞められないと思いがちですが、そんな脅しに屈する必要はまったくありません。労働者に何か問題がないなら、懲戒解雇などできません。また「自己都合退職」と書かれたからといって再就職できないということもありません。「退職するなら未払いの給料は支払わない」というのも違法で、賃金は必ず払わないといけません。「辞めるなら給料のカットを認める誓約書を書きなさい。それを書かないと辞められない」と言われても、そんなものにサインする必要はありません。

会社と労働者は対等です。辞めさせないというのは、会社は労働者を都合よく使っていいのだ、労働者は自分の奴隷だと思っている証拠です（労基法第5条では、使用者は脅迫などによって労働を強制してはならないとしています）。そんな間違った考えにだまされないよう、労働者の権利教育をすることが大事です。辞めたいのに辞めさせてくれないというようなことで困ったときには、ユニオンなどに相談すれば、この問題は解決します。

注
[1] 「辞める」ことと密接に結び付いた理由とか、「辞める」ということとは別に、労働者が、故意あるいは重大な過失によって、会社に損害を与えていた場合には、法的な責任を負うことはありえます。
[2] 自分が有利になるために、相手への嫌がらせとして戦略的に無理筋の裁判をすることをスラップ（威圧訴訟、恫喝訴訟）といいます。多くは経済力がある企業や政府、加害者などが、弱者に対して黙らせるため、あるいは報復のためにおこなうものです。

教材10
派遣だからって簡単にクビ？
派遣労働者の高月さんの場合

ねらい 派遣という働き方の特徴を理解し、派遣労働者がおかれている理不尽な状態について理解する。そのうえで派遣労働者が簡単にクビを切られないための法律知識を得る。

ワークシート❶
派遣だからって簡単にクビ？

> 高月さん（29歳／女性）は、「ハロー派遣会社」に登録している派遣労働者で、今はM食品社に派遣されて働いています。2015年春まで通算7年、「事務用機器操作」（5号）という専門業務をおこなうということでM食品社で派遣で働いてきました。2015年に法律が変わったということで、今後がどうなるか不安に思っていますが、2016年のある日までは、特になにもなく働いてきました。

●**ある日の仕事が終わった直後に「ハロー派遣会社」（派遣元）の担当者から電話がありました。**

派遣元会社担当者「高月さん、悪いけど、もう明日からM食品社に行かなくていいよ」

高月「えー?? 急にどういうことですか？ 今までずっとここで働いてきて急に言われても……。今やっている事務の仕事もたまっているんですけど……」

担当者「それは、ほかの人にやってもらうから。どうもあなたの仕事ぶりがねえ……、派遣先で不評みたいなんですよ」

高月「仕事ぶりって……。私は、ちゃんと与えられた仕事はしていたと思うんですけど、何かミスしたんでしょうか？」

担当者「いや、ミスというより、総合的な判断らしいから。私たちも商売だからお客さんであるM食品さんに逆らえないんだよねえ。もう仕事がないんで。悪いけどね」

高月「仕事がない？ よくわからないですけど……派遣だから仕方ありませんけど……」

担当者「まあそういうことだから。で、またほかの仕事が見つかったら連絡するから、自宅で待機しておいてもらえますか。給料は今日までの分払うからね」

高月「はあー……。できるだけ早く次の仕事お願いします」

●**質問** 2人のやりとりを読んで、どう思いましたか？ 話し合いましょう。

ワークシート❷
派遣だからって簡単にクビ？

1 労働法を学ぼう。

★派遣労働というのは、ある労働者Aさんが派遣会社B社（派遣元）に雇われ、そのうえで企業（あ **C社** ）（派遣先）で働く働き方です。Aさんの賃金は（い **B社** ）から支払われます。Aさんは、派遣先C社の（う **指揮命令** ）の下で働いていますが、C社がAさんの（え **雇用主** ）ではありません。派遣元B社とAさんの間で交わされるものが、雇用契約です。

　雇用契約を交わす会社と実際に働く会社が同じである場合を（お **直接雇用** ）と呼びます。正社員やパート、アルバイトなどが当てはまります。一方、派遣元と雇用契約を交わし、派遣先で働く派遣労働は（か **間接雇用** ）と呼ばれています。

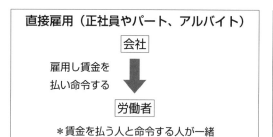

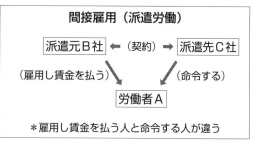

2 法律のことを少し学んで勇気を得た高月さんは、派遣元の担当者に次のように反論しました。ロールプレイしてみましょう。

高月「先日の、急にM社に行かなくてもいいという話ですけど、納得できません。どういう点で仕事に問題があったのか明確に伝えてもらえますか。そこをちゃんと確認して交渉してくださるのが派遣元の責任じゃないですか？」

担当者「それは建前はそうなんだけど、お客さんであるM食品さんに逆らえないからねえ」

高月「やっぱりそれでは納得できませんよ。理由が納得できないなら私は同意しませんから。それから、私、もう8年もM食品社に働いてきたので、正社員で雇ってもらうようM社に言ってください。それか、すぐに代わりの新しい派遣先を見つけるとか、ちゃんと対応してもらえないならユニオンの人と一緒に正式に交渉を申し込みますよ」

担当者「ユ、ユニオンって、何なんや？　そんなとこに相談してるんか。んー」

高月「ええ、相談しているんです。M食品社で働けなくなったり、ほかでの派遣の仕事も保障してもらえないなら、契約期間最後までのもらえていたはずの賃金分を出してもらいたいと思います。それから派遣先にも組合を通じて団体交渉を申し入れます。私、絶対に簡単には引き下がりませんから、もう一度考え直してお返事をください」

ワークシート❸
派遣だからって簡単にクビ？

1 労働法を学ぼう

★派遣労働のように、（あ **間接的**）に人を雇うことは、もともとは禁じられていました。労働者と雇用主の間に会社が入り、労働者や雇用主から料金を取ること、つまり（い **中間搾取**）をおこなうことは、奴隷のような労働者を増やし日本の民主主義が発展できない原因となっていると考えられたからです。

しかし1985年にできた（う **労働者派遣法**）によって、26種類の（え **専門的な業務**）だけは派遣してもよいということになりました。派遣してもよい業務は徐々に増やされ、今では（お **建設**）や港湾運送、警備、医療関係の業務以外ほとんどの仕事でできるようになっています。

26種類の（か **専門的な業務**）で働く派遣労働者は、派遣される期間に制限がなかったのですが、2015年の法改定によって最大（き **3**）年までしか同じ派遣先で働くことができなくなりました。ただし派遣先企業は、過半数労働組合などへの意見聴取をするとともに別の（く **派遣社員**）に変えれば、同じ派遣元からの派遣労働者を（け **継続的**）に利用することができるようになりました。

2012年の派遣法改正で、例外はありますが日雇い派遣は（こ **原則禁止**）となり、派遣元に新しい派遣先を見つけることや（さ **無期雇用**）への転換を求めていけるようになりました。

2 みんなで話し合い、正しいものには○を、間違っているものには×をつけましょう。

1）紹介予定派遣以外でも、派遣先企業が面接して、「君を採用する」とか「君を不採用にする」ということは問題ない。（ **×** ）
2）派遣で同じ部署で工場労働をもう4年しているが、このまま派遣をやり続けるしかない。（ **×** ）
3）日雇い派遣は、原則禁止されているが、雇用保険の適用を受けない学生や主婦（世帯収入が500万円以上の世帯の主たる生計者でない人）は日雇い派遣できる。（ **○** ）
4）常用雇用の場合、派遣先の仕事がなくなっても派遣元の会社から別の仕事を紹介してもらったり、仕事がなくても賃金をもらうことができる。（ **○** ）
5）派遣労働者の賃金は、派遣先労働者との均衡を考慮した待遇にするよう努力する必要がある。（ **○** ）
6）派遣会社は、雇用を継続するための措置をとったり、派遣労働者が正社員になれるように教育訓練を実施する義務がある。（ **○** ）

3 派遣労働のプラスとマイナスをあげてみましょう。また自分は派遣労働を選びたいかどうか、話し合いましょう。

教師用解説

●派遣労働とは？

　労働者派遣事業とは、派遣元会社（事業主）が、派遣先会社との間で労働者派遣契約を結び、派遣元の社員である労働者を派遣先に送り、そこで、派遣先の指揮命令を受けて労働させるものです。派遣先と労働者とは、指揮命令関係こそあるものの雇用関係ではなく、したがって派遣先は、その派遣労働者の雇用主ではありません。雇用契約は、派遣元会社と派遣労働者の間で交わされていることになります。

●直接雇用が原則

　労働法の基本原則の一つは、労働者を使う使用者が、労働法上の使用者責任を負担し、労働契約上でも使用者となること、すなわち、直接雇用（間接雇用禁止）です。労働者供給（いわゆる「人貸し」「人夫供給」「偽装請負」）による中間搾取（ピンハネ）や使用者責任逃れ（労働者を使っている会社が簡単にクビを切ったりできること）を禁じているのです（職業安定法第44条、労働基準法第6条）。民法も、雇用を2当事者間における有償双務契約であるとしており、労働者を雇用することと使用することとが合致する形態を原則としてとらえています。しかし、戦後日本の労働行政と政治は、事実上、労働者供給や間接雇用にあたるようなことを黙認してきました。そして1985年には違法状態を追認するために、ついにこの職業安定法第44条の原則をゆがめて、特定の対象業務に限っては労働者を派遣してもよいという労働者派遣法を制定してしまいました（1986年施行）。

派遣法年表

1986年7月	派遣法施行。派遣は13業務のみ可能（ポジティブリスト）
1986年10月	「機械設計」「放送機器等操作」「放送番組等の制作」が加えられて16業務になる
1996年改正	派遣可能な業務がさらに増やされて26業務となる
1999年改正	派遣できる業務が原則自由化される（ネガティブリスト化）。ただし解禁された一般業務については、臨時的・一時的な労働力需給調整という位置づけであるとされた
2003年改正	製造業務、医療業務のうち社会福祉施設の業務の解禁。派遣上限期間を1年から3年へ（26業務は期間制限撤廃）。紹介予定派遣解禁
2006年	偽装請負が問題となるなか、派遣への転換が進む
2008年	日雇い派遣の規制を強める「指針と省令」
2012年改正	派遣切り、日雇い派遣や登録型派遣への批判を受けて議論が積みあげられたが、結果としては「登録型派遣・製造業務派遣の原則禁止」が削除され、例外規定などが多く、労働者保護（規制強化）は少ししか進まず、現状をかなり追認する改正にとどまった
2015年改正	企業側が派遣社員を長期にわたって使えるようにするなど、事実上、企業が派遣を使いやすくする規制緩和の方向で改正

●派遣は専門職だけのはずでしたが……

　法律制定当初の考え方では、本来、人材派遣は同時通訳や財務処理、ソフトウェア開発などす

ぐには雇えない専門の能力をもった人材を緊急的・一時的に外部から調達する手段であったので、その専門性を生かす部分だけ派遣が認められたもので、その延長に現在の専門26業務（「政令26業務」と呼ばれる、派遣法第40条2第1項の政令で定める26業務のこと。当初は13業務であったが拡大された）があります。労働者派遣法は、財界の強い要請により、「ごく一部にとどめるから」（専門13業務）との約束のもとに限定して始められました。正社員の代わりに派遣を使って置き換えていくことを禁止するという「常用代替防止」が原則でした。

　しかし、労働者派遣法のあいつぐ規制緩和により派遣労働が拡大し、専門性のある業務および特別の雇用管理を要する業務にかぎって臨時的・一時的に労働者派遣を認めるという理念と実態との間で大きなかい離が生じました。前頁の年表に見られるように、派遣が使える範囲が拡大され、派遣労働者の数は増加し続け、低賃金不安定雇用として定着しています。

　特に、2015年の改正ではそれまでの建前をかなぐり捨てて、専門26業務というもの自体をなくし、どんな仕事でも企業が派遣を使い続けることができる規制緩和が進められてしまいました。派遣労働者個人としては、同じ職場で働ける期間が上限3年にされて、それまで専門26業務としてずっと働いてきた派遣が切り捨てられるようになりました。企業としては、派遣の人を入れ替えることで、同じ仕事をずっと派遣に任せることができるというように、安く使い続けられるようになりました。建前としては、過半数労働組合などからの意見聴取とかキャリアアップ推進とかをうたっていますが、実効性の保証はありません。

　従来、専門業務だということでずっと派遣で使われてきた人は、本来は、臨時的・一時的利用という目的と矛盾するのですから、派遣先が直接雇用するべきなので、派遣法を改正するのであれば、それを義務づける改正こそが必要でした。しかし、そのような労働者に有利な改正はほとんどなされず、派遣業界の要請に応える面が強い改正となりました。

●一応のタテマエがあるので交渉するときに使えます

　派遣労働にはさまざまな問題があり、2012年改正でも法律は重要部分が骨抜きにされ、2015年改正では規制緩和が進んでさらに派遣労働が不安定化してしまいました。しかし法的には一応、派遣労働者の保護がうたわれ、派遣元企業は雇用主であるので、派遣労働者のさまざまな問題・苦情に対応する責任があるとされています。したがって団体交渉などで派遣労働の諸問題を法の理念にそって解決するよう迫ることができます。

　例えば、派遣先は雇用主ではないのですから、ある派遣労働者が気に入らないからとほかの人に交換するように言う権利も、事前面接する権利もありません。仕事量が減ったので、派遣労働者を少し減らしたいと思ったら、派遣元企業に、契約にもとづいて次回の派遣契約の人を減らすことはできますが、例えば今まで10人派遣されていて、今後は5人でいいと思ったとき、誰を残して誰を辞めさせるかを決める権利は、派遣元にあるのであって、派遣先にはありません。ただし、派遣先は実質的な権限をもっていることが多いので、労働組合は派遣先に交渉を申し入れていくこともできます。

　2012年改正により、日雇い派遣は原則禁止とされたことも利用できます。就労日数が数日しかないにもかかわらず、雇用期間が31日以上である労働契約を締結して労働者派遣をおこなうといっ

た「日雇い派遣禁止」に対する脱法的行為（事実上の日雇い派遣）も見られますが、それは交渉で批判していくことができます。その他、2012年改正では、グループ企業内派遣の8割規制、労働契約申し込みみなし制度の創設、派遣料金と派遣労働者の賃金の差額の派遣料金に占める割合（いわゆるマージン率）の情報公開の義務化、離職した労働者を離職後1年以内に派遣労働者として受け入れることの禁止など、派遣労働者の保護をはかる改善も不十分ながらなされたので、それを盾にとって交渉をしていくこともできます。

また2015年改正では、派遣労働者の派遣先の労働者との給与や福利厚生などの均衡待遇の推進や雇用安定措置（雇用を継続するための措置）の派遣元への義務づけ、キャリアアップのための教育訓練の実施の義務づけなどをうたっていますし、派遣先の同一の事業所における派遣労働者の受け入れで3年を超えて受け入れるためには労働組合などから過半数の意見聴取が必要ともなっています。また3年に達した労働者を派遣先に直接雇用するよう依頼したり、新たな雇用先を紹介したりするなどの措置も求めています（派遣先が依頼を受け入れる義務はない）。ですからそういうことがちゃんとなされているかということも交渉に使えます。

事例の大月さんの場合、派遣先での契約の途中解除が正当化される理由が不明なため受け入れる必要はありません。やむをえない理由がある場合でも、派遣元は派遣先と相談のうえ、関連会社などでの就業のあっせんを努力すべきです。ほかでの就業機会の確保がむずかしい場合は、派遣元は、休業手当相当額以上の額について負担するなどの措置をおこなう必要があります。また、それらの契約解除にあたって講ずる措置について、契約書に記載することが必要です。

まとめますと、派遣先・派遣元それぞれの使用者責任をふまえて、法律に認められた権利を求めて交渉することができるということです。

●「偽装請負」とは？

ここでは、社会問題となった「偽装請負」について基本的な説明をします。

まず労働者派遣事業と請負事業とは混同や偽装が多いため、整理のうえでの区別が必要です。

民法で昔から認められてきた「本来の請負」と、労働者派遣に類似した「業務請負」とは別物です。「本来の請負」とは、「請負人」である建築業者等が、注文を受けた建築作業を完成して注文者に渡すようなものです（民法第632条）。請負人と注文者は対等です。それに対し、問題となっている請負業務は、ある会社（発注者）が、請負会社に人を10人送るようにいいながら、それを請負契約とするようなことです。つまり、請け負った会社は、自社で作業してその完成物を納品するのではなく、請負会社の従業員を連れて発注者の会社に行き、作業をするような形です。

派遣において、派遣元は派遣先に人を送るだけであって、仕事自体を請け負っているわけではありません。それに対し、請負事業は、請負会社（請負元）が相手先企業に対して仕事の完成を請け負うもので、その成果について報酬を得るものです。合法的な請負契約は、請負元が責任者も送って自社の社員に対して、請負事業の指揮命令をするもので、派遣の場合のように、派遣先企業が指揮命令するのとは違います。つまり請負なのに、責任者を送らず、相手先企業で、相手先企業の指揮命令を受けて働かせることは許されません。それをしていれば偽装請負です。

請負元は、労働者に対する業務の遂行方法に関する指示や評価、労働者の始業・終業の時刻、

休憩時間、休日、休暇等に関する指示、その他の管理をすべて自らおこなわねばならないのです。仕事に必要な機械、設備、器材、材料、資材などは請負元が準備するものであり、仕事の仕方を決めるのも請負元であり、残業させるか、休日労働させるかどうか、労働者の配置等の決定や変更も、すべて請負元が独自に決めることです（職業安定法施行規則第4条、「労働者派遣事業と請負により行われる事業との区分に関する基準」1986年労働省告示第37号）。

しかし実際には、請負といいながら請負側が責任者を送らず、労働者を相手先企業に送るだけのことが多く、それは「偽装請負」と呼ばれています。派遣の受け入れ企業にとっては、派遣法を厳密に適用するといろいろ困ることがある（例えば3年しか使えないなど）ために、労働者派遣法の適用を逃れる目的で「偽装請負」の形式が広がっているのです。労働者を供給するだけ、つまり「人貸し」だけの「請負」は違法（職業安定法第44条違反、労働基準法第6条違反）です。アウトソーシングといって、業務を外注化することもよくおこなわれていますが、上記のような基準を請負元が満たしていないと、法的には労働者派遣法の適用を受けなければならないのです。

一方、「請負」という言葉を使っていても、実質的には派遣であったり、単なる雇用関係であったりする場合がありますので、その内実で判断されなければなりません。実態としては雇用契約ながら、請負契約という名義で契約し、各種雇用責任を回避している会社がかなりあります。

図　派遣労働・業務請負・職業紹介・労働者供給の実態（概念図）

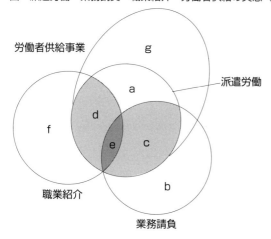

注
a　労働者派遣事業のうち紹介予定派遣を除いた部分
b　業務請負（注文主による請負労働者に対する指揮命令がなく、厚生労働省の業務請負の区分に沿ったもの）
c　偽装請負（注文主による請負労働者に対する指揮命令が行われ、事実上の派遣労働となっているもの）
d　紹介予定派遣
e　日雇い派遣（1日から数日間の短期業務請負の形式を取るが、実態は職業紹介機能が中心。注文主による指揮命令が一般化している）
f　職業安定法による職業紹介
g　職業安定法が禁止する労働者供給事業

（伍賀一道「間接雇用は雇用と働き方をどう変えたか―不安定就業の今日的断面」『季刊　経済理論』第44巻第3号、桜井書店、2007年）

コラム5 「労働者の権利」実現への具体的ポイント

　労働法がこうなっているというような本やパンフはありますが、それだけでは自分の権利は守れません。問題に直面したときに、相談できるところ（人）を知っていることが大事です。そして会社で話をしていくときのポイントを知っておくことが重要です。その一つが、本書の各ロールプレイのなかに示されている、以下のような、実践的にとても有効な"方法"です。

　例えば、「法律の○○条に書いてあります。それにそって○○してください」というように法的知識があるのだと伝える言い方が有効です「こいつ、法律知っているな」とか、「誰かに相談しているな」と相手に思わせることができ、無茶な対応を抑制できます。そのほか「文書で意見を出し、回答も文書で求める」というやり方。「ちゃんと説明してください。そうじゃないと納得できません」という言い方。「厚生労働省の出している○○では○○といっています。何なら厚労省に電話で聞いてください」というように、厚労省の"権威"を使う言い方。

　また特に有効なのが、「ユニオンの人に相談しました」とか、ユニオンに加入しようかと思っているんです」「ユニオンとして団交を申し入れますので、その場で話し合いましょう」「今度ユニオンの人と来ますので」などとユニオンの力を使う方法です。ユニオンの部分を弁護士にして、「弁護士（社労士）に相談したんですが……」でもかまいません。

　さらに、「会社の人事部（相談室、さらに上級の上司、組合）に相談しようかと思っているんですが」「会社の本部（東京本部、中央本部）に連絡してみてくださいよ。何なら私が話しますけど」「労基署やハローワークに行きます」「労基署に聞いてください」「会社の弁護士（社労士）に、私の言っていることがおかしいかどうか聞いてみてください」という言い方もあります。

　ときには、「メディアに訴えていきたい」とほのめかすことも有効かもしれません。

　相手が役所関係のとき、「担当者の名前を聞き、記録すること」や「その組織のトップや上級機関に文書で事の顛末（てんまつ）を提出することをほのめかす」「不服審査請求をする予定などと言う」という手段を取ることもできます。また役所に行くときに、ユニオンの人や弁護士などその問題に詳しい人（組織）に同行してもらうことはとても大事です。福祉事務所に行くとか、労基署に話に行くときに、「相談」ではなく「申請にきました」と言うことが重要ということは、教材のなかで示したとおりです。できるだけ証拠を持っていくこと、必要書類を整えたり具体的対応を求めることが大事であることを知っておいてください。

　なお、今の日本社会では「教育は中立で非政治的でなくてはならない」という変な思い込みがあって、労働組合（ユニオン）に相談に行くなどと教えてはいけないかのように思いこんでいる教員がいます。しかし、労働組合を通じた交渉や闘争は憲法にも書いてある基本的な人権です。実際に動いてくれるユニオンのことを教えることこそ、キャリア教育の勘所です。

教材11
パートだからって安すぎる！
食品工場でパートする田上さんの場合

ねらい　パート労働者（非正規・短時間労働者）と正社員との間の労働条件の大きな格差が不当であることを知り、パートタイム労働法に書かれている、パート労働者の権利について学ぶ。

ワークシート❶
パートだからって安すぎる！

食品工場の袋詰め作業のラインで働いている田上さん（主婦パート／1年契約／31歳）は、月収13万円ほどです。同じような仕事をしている人との賃金の差が大きいことに不満をもっていましたが、ある日ついに、工場の現場での上司（課長）に意見を言ってみました。

● **工場のすぐ横の事務所での会話**

田上「課長さん、休み時間に話をしていたんですけど、社員の南村さんとはまったく同じ作業をしているのに、お給料がすごく違うんですよね」

上司「南村さん、ああ、あの人は正社員やろ。……うーん、そら、違うわなあ」

田上「でも、やっていることも働いている時間もまったく同じなんですよ。なのに、私が月、手取りで13万円ほどなのに、あの人、27万円くらいもあるって聞いて、びっくりしたんです。社員だから社会保険も有給休暇もボーナスもあるし、この差ってちょっと大きすぎないですか？」

上司「うーん、さっきも言うたように、ま、社員さんとパートさんは、まったく責任も賃金体系も違うから、比べることじたい無理があるんやよ」

田上「そりゃ、少し違うぐらいならわかりますよ。でも倍以上違うって、おかしくないかなーと思って、納得できないんですけど、何とかならないでしょうか。できたら私も正社員になりたいですし……」

上司「ちょっと無理やなあ。ごめんなー。どうしようもないわ。ま、そんなことを気にせんと、今は再就職も厳しい時代なんやから、文句言わんと頑張って働いてーや。なっ。せやないと、来年の仕事もなくなるかもしれへんで」

● **質問**　2人のやりとりを聞いてどう思いましたか？　話し合ってみましょう。高校生は時給が安いなど、同じような仕事をしているのに賃金がかなり違うという経験をしたことがある人は、どんな感想をもちましたか？　話してみましょう。

ワークシート❷
パートだからって安すぎる！

1 労働法を学ぼう。

★パートやアルバイトや非常勤の人も、（あ　**労働基準**　）法や（い　**労働組合**　）法でいう労働者です。アルバイトや非常勤と呼ばれていても、（う　**パートタイム労働**　）法の対象となります。この法律は短時間労働者の権利をまとめた法律で、正社員と同じ仕事を同じようにしているパート労働者は、（え　**賃金**　）、教育訓練の実施、福利厚生施設の利用などで正社員と平等に扱われなくてはならないとされています。

　　正社員と同じ仕事でない場合でも、正社員とパート労働者の仕事の内容、成果、意欲、能力、経験などを総合的に比較して、できるだけ正社員とパートの待遇は（お　**均衡**　）を考慮したものにすることが努力義務となっています。パートは、雇われるときに（か　**文書**　）で労働条件を書いたものを受け取ることになっています。パートやアルバイトでも、通常の労働者（週40時間、月20日勤務）の4分の3（週30時間、15日以上）以上の労働時間働いている場合は、（き　**社会保険**　）に加入させなくてはなりません（2016年10月より大企業においては週20時間労働で加入義務）。

2 パートタイム労働法のことを少し学んで勇気を得た田上さんは、上司にパート労働者の待遇を見直すように話してみました。下に書いてあるやりとりをロールプレイしてみましょう。

田上「課長、一緒に働いている南村さんとはまったく同じ作業をしているのに、給料がかなり違うのは、法律上、おかしいと思うんですけど」

上司「南村さん、ああ、あの人は正社員やろ。正社員とパートさんの賃金が違うのは仕方ないのとちゃうかなあ」

田上「でもパートタイム労働法では、まったく同じことをしているなら同じ賃金にしないといけないと書いてあるって聞いたんですけど」

上司「えっ、そういうことはちょっと……もし法律にそう書いてあるなら会社としてもちゃんとするかもしれへんけど、僕には即断できひんなあ」

田上「じゃあ、今度正式な返答をいただきたいので、ちゃんと会社のほうで調べて答えてくださいね。それから、社員の方（かた）は、住宅手当もボーナスもあるし、社会保険も全部あるし、有給休暇もあるし、育休も取れますよね。でも私たちパートは、それ全部ないと思うんですよ。私、正社員並みに働いているので社会保険には入れるはずですし、有給休暇も取れるはずなんですけど」

上司「それについても、調べさせてもらえるかな。この際、ちゃんと調べて、法律的に問題がないように整備していかなあかんと思うわ」

田上「よろしくお願いいたします」

ワークシート❸

パートだからって安すぎる！

1 みんなで話し合って、正しいものには〇を、間違っているものには×をつけましょう。

1) パートは、短期契約＝「期限の定めのある有期雇用」であるのはあたりまえだ。（ × ）
2) 1年契約だが更新して5年働いていた。しかし、6年目の契約期間が終わるときに「もう更新はしない」と言われたが、これは仕方ない。（ × ）
3) パートやアルバイトにも年次有給休暇はある。（ 〇 ）
4) 労働基準法は正社員の権利についての法律であり、非正社員の権利は、パートタイム労働法にまとめられている。（ × ）
5) パートタイム労働法では、正社員と同じ仕事を同じようにしている労働者は、賃金の決定、教育訓練の実施、福利厚生施設の利用その他の待遇について正社員と同じようにしなくてはならないとしている。（ 〇 ）
6) パートが正社員と少しでも違う仕事をしていれば、正社員と非正社員を比べられないので、大きな賃金の差があっても仕方ない。（ × ）
7) パートと正社員の待遇の違いを聞かれたら、上司はちゃんとその理由を答えなくてはならない。（ 〇 ）
8) アルバイトは、賃金や労働時間、社会保険などのほかに、昇給や賞与や退職金などの労働条件についても文書で明示してもらえる。（ 〇 ）
9) 正社員を新規に募集する場合や正社員のあるポストを社内公募する場合、その募集内容をパート労働者に周知するとか、パート労働者が正社員へ転換するための試験制度を設けるなど、正社員への道をひらくことが義務化されている。（ 〇 ）
10) パートやアルバイトは、年金や健康保険といった社会保険に入らなくてもよい。（ × ）

2 ロールプレイをやってみて感じたことを書いてみましょう。

3 特に大事だ、覚えておきたいと思ったパートやアルバイトの権利を2つ書きましょう。

（　　　　　　　　　　　　　　）（　　　　　　　　　　　　　　　　）

4 性別や雇用形態によって待遇の格差が生じることは仕方ないことなのでしょうか？話し合ってみましょう。

教材**11** パートだからって安すぎる！　85

●教師用解説

●非正規雇用とは？

労基法の適用を受ける労働者とは、事業・事務所に使用される者で賃金を支払われる者（労基法第9条）とされています。労働組合法第3条では、労働組合を結成できる労働者とは、「賃金、給料、その他これに準ずる収入によって生活するもの」としています（カード③）。つまり、労働法でいう労働者のなかには、正規雇用・正社員と非正規の区分などないのです。

しかし、日本では、年功賃金・終身雇用制度のなかに入れる正社員と、そうではないさまざまな非正規労働者の間に、現実には大きな待遇格差があり、それは「身分」の差ともいえるほどのものです。法律および慣習や制度、行政の運用などでは、パート、派遣、有期雇用、請負、年齢差別、女性差別、間接差別、外国人労働者差別などについて十分な規制ができておらず、差別待遇が放置されています。

生徒のみなさんにまず知ってもらうべきことは、正規と非正規という「身分」の違いのような大きな格差を、所与のものとしてあきらめる必要はないということです。非正規の待遇が悪いのは、人間が人為的につくり出した差別の問題です。

なお、非正規には、パート、臨時職員、嘱託職員、非常勤などいろいろな呼び方のものもありますが、呼び方がどうあろうと、短時間の非正規雇用の多くは短時間労働者の雇用管理の改善等に関する法律（以下、パートタイム労働法と略す）の対象となります。正規雇用と同じか、それ以上の労働時間で働いている労働者は、短時間ではないので、パートタイム労働法の対象にはなりませんが、そのように長時間働く人は、当然、正規と同じような待遇にすべきです。

なお、派遣だけはアルバイトやパートと違って、雇われている会社と、実際に働く会社が別の間接雇用ですので、パートタイム労働法とは別の派遣法の適用を受けます。

●パート労働への古い見方をパートタイム労働法は批判しています

パート労働者を、「雇用量調整と経費節減のために雇うもの。短期契約＝期限の定めのある有期雇用であるのは当然で、正社員と賃金の格差があるのも、昇給や社会保険やボーナスや有給休暇や退職金がないのも当然」とする見方がありますが、パートタイム労働法ではそうした古い経営者（世間）の考えを否定しています。

まず、上記したようにパートなど非正規の労働者も、正社員と同じ労働者として法律では扱われています。次に、この事例のように、正社員と同じ仕事を同じようにしている労働者は、賃金の決定、教育訓練の実施、福利厚生施設の利用、その他の待遇について正社員と同じように処遇しなくてはならない（差別的取扱い禁止）とされています（カード㉔、パートタイム労働法第8条〜第12条）。

ただし、この差別禁止という規定が適用されるのは、正社員と職務（仕事の内容や責任）が同じで、人材活用の仕組み（人事異動の有無や範囲）が全雇用期間を通じて同じ場合というように限定されているので、判断が分かれる場合もあります。

「3カ月契約」といった有期雇用でも、何度も更新を繰り返していれば簡単に雇い止めはでき

ないので、パートだからといって「はい、来月から来なくていいよ」と言われてもひきさがるしかないということはありません。クビにするには適切な理由がいると伝えてください。

●まったく同じでなくても均衡の考慮が必要です

　正社員とそこまで同じ仕事でない場合でも、正社員とパート労働者の職務の内容、成果、意欲、能力、経験などを比べて勘案し、できるだけ正社員との均衡を考慮することが努力義務となっています（パートタイム労働法第10条〜第12条）。ですからパートだから何年経っても時給は同じままというのではダメで、経験年数や職務内容と能力のレベルに応じて段階的に賃金を上げていき、正社員との格差を縮小するようなことが法律の精神として求められています。

●待遇格差には合理的な理由が必要です

　さらにパートタイム労働法第6条では、労基法以上に昇給や賞与や退職金などの労働条件について文書での明示が義務化されていますし、パート労働者から尋ねられたら、なぜその人の待遇が正社員とそれだけ異なっているのか、待遇を決定するにあたって考慮した事項を説明することが義務化されています（パートタイム労働法第14条）。パート労働者を雇い入れたときにも説明が必要です（パートタイム労働法第14条）。説明義務が課せられる事項としては、労働条件の明示、就業規則の作成手続き、待遇の差別的取り扱い、賃金の決定方法、教育訓練、福利厚生施設、正社員への転換を推進するための措置などです。つまり、合理的に説明できないような格差はダメ、不合理と認められるものはダメということです。

　教育訓練や福利厚生もできるだけ正社員と同じようにすべきとされていますし（パートタイム労働法第11条、第12条）、パート労働者が正社員になりたいことは多いので、正社員への転換を推進するための措置――正社員を新規に募集する場合や正社員のポストを社内公募する場合、その募集内容をパート労働者に周知するとか、パート労働者が正社員へ転換するための試験制度を設けるなど――を講じることも義務化されています（パートタイム労働法第13条）。

　苦情についても、パートタイム労働法22条では、パート労働者から苦情の申し出を受けたときは、事業所内で自主的な解決を図ることが努力義務化されています。パート労働者が説明を求めたことによる不利益な取り扱いも指針で禁止されています。社会保険は、通常の労働者の4分の3（週30時間）以上の労働時間働いている者ならパートでも加入させなくてはなりません（2016年10月より大企業において社会保険の加入ルールが緩和され、週20時間労働、年収106万円以上などのように条件が拡大されます）。年次有給休暇は、パートでもまったく正社員と同じようにとる権利があります。その日数は働いている時間・日数によります。有期雇用といえども契約が更新されている場合、有給休暇の日数は毎年増えていきます（労基法第39条）。

　以上の全体を見てわかるように、パートタイム労働法では、理念としてかなりパートと正社員との均等待遇の方向でさまざまな規定があります。合理的でない部分については均等待遇にすべきなのです。しかしそれも、労働者が主張していくことでこそ実現されます。法律を知っておかしいと思ったらユニオンに相談するように生徒のみなさんに伝えていくことが重要です。

コラム6 同一価値労働同一賃金

　同じ仕事には同じ賃金を払う。それは当たり前と思うかもしれません。労基法でも第4条には女性だからということで男性と同じ仕事をしている人の賃金に差をつけてはならないと書いてあります。しかし日本の雇用慣行では、正社員と非正社員の間では同じ仕事をしていても大きな賃金差をつけていますし、年功賃金自体が年齢や態度といった非客観的要素による人事考課によって大きく賃金の差をつけています。つまり、日本社会はまったく同一労働同一賃金ではありません。また職種は違っても同じような価値の仕事なら同じ賃金（Aという仕事に対してBの仕事の価値が80％なら賃金も80％）というのを同一価値労働同一賃金といいますが、それも日本ではまったく成立していません。

　本当に同一価値労働同一賃金にしていくなら、欧州などに倣って、本気で非正規差別と年功賃金自体を廃棄して、客観的な基準ですべての仕事の職務を評価し、それに対応する賃金を決めることが必要です。客観的な基準による職務評価とは、例えば「知識・技能」「責任」「精神的・肉体的負荷」「労働環境」などについて、仕事を分解した細かい要素ごとに点数をつけて、Aの仕事は○点、Bの仕事は○点と決めていくことです。そして点数に比例して賃金も決めていきます。これによって別の企業でも価値に比例した賃金になります。仕事の価値が決まれば、時給が決まり、労働時間が短い人も非正規ではなく、単なる短時間労働者となって、労働時間に比例した賃金になります。オランダでは週休3日のパート労働者が増えていますが、それは非正規ではなく正社員です。責任もフルタイムと同等に担います。当然みなが労働保険、社会保険に入り、ボーナスや退職金なども同じ規定です。それが同一価値労働同一賃金の具体像です。

　ここに日本社会では無意識に入ってくる、正社員かパートか、有期雇用かどうか、年齢や学歴、採用試験や労働時間が違うか、といった仕事の価値とは別の要素の判断を入れてはならないのです。正社員でもパートでも、学歴が違っても同じ仕事をしているなら同じ賃金にしないといけないからです。能力や学歴は客観的と思うかもしれませんが、東大卒の人と高卒の人が同じ営業職をしていれば、そこに学歴も潜在的能力は関係ありません。今やっている仕事に使う技能自体を調べればいいのです。

　日本では、同一労働同一賃金の議論が始まっていますが、日本的基準で少しの違いを見出して「同じ仕事でない」として大きな賃金差、ボーナスの有無などの差を残し続けるでしょう。そこに客観性・公平性などありません。政府や財界や学者に任せていれば、「生産性の差だ」といった屁理屈をつけて格差を正当化する「ニセの同一労働同一賃金」になるでしょう。

　それに対しては、差別されている側が団結して、同一価値労働同一賃金に近づくように交渉していくことが一番大事です。これほどの賃金格差の合理的な説明をしろ、できないならもっと賃金を上げろ、格差を縮めろという交渉をしていくのです。正社員の人が口先だけで格差反対といっていても、非正規という雇用形態の人はおれたち正社員とは別だと思っているかぎり、差別はなくなりません。当事者が闘っていかないならば同一価値労働同一賃金など実現しないし、非正規差別はなくならないでしょう。

教材12
セクハラを許さない職場に
事務職の中島さんの場合

ねらい セクハラやマタハラの理不尽な実態について理解すると同時に、セクハラに対する法的・制度的な知識を得て、抵抗できる力を養う。

ワークシート❶
セクハラを許さない職場に

中島さん（36歳／女性／離婚経験あり）は、正規職員の事務職です。職場では月に2〜3回も飲み会があり、女性は必ず出席を求められるので、中島さんは困っています。

●**飲み会の誘いのときの会話**（日程調整の際は、決まってまず女性の都合から聞かれる）
同僚「中島さん、いつ空いてるー？」
中島「どうぞ、先にそちらで決めてください。予定空いてたら行きますからー」
同僚「いやいやー、やっぱ女性が来てくれへんとおもしろないがなー。それに吉村課長にも怒られるしな。で、いつが空いてる？」
中島「あー……そうですねぇ」（こうして、出席の状況に追い込まれる）

●**仕事中の会話**
係長（仕事中に中島さんを見て）「電話の声もいいし、若く見えてかわいいねえ」
同僚「中島さんの営業スマイルにだまされちゃ、ダメですよ。こうみえて若づくりしてるけど、もういい年なんですよねー（笑）」
中島「やめてくださいよー」
同僚「今日は機嫌悪いやん。普段のは、つくってるの？　魔性(ましょう)の女やね」
係長「あ、お客さんや。中島ちゃん、お茶頼むでー」

●**飲み会の席で**
課長（お酌をしないと）「中島、気がきかんなぁー、ちゃんとみんなに注いであげてや」（酔った課長が腰に手を回してきたので、中島さんが「やめてください」と言うと）
課長「まーまー、中島さんがかわいいからファンなんやって。許したってねー」
同僚「課長、そのくらいにしとかな。飲みすぎや、あははー」

●**質問**　職場でのいろいろなやりとりを読んで、どう思いましたか？　話し合いましょう。

ワークシート❷
セクハラを許さない職場に

１ 労働法を学ぼう。

★セクシュアル・ハラスメントのうち、性的な要求に応じないと不利益を被(こうむ)らせる、例えば「デートを断ると解雇した」というようなものを（あ　**対価型**　）のセクハラといいます。それに対して、その行為がされることで、働きづらい環境がつくられる、例えば「性的な発言や質問をする職場」「お茶くみを女性にさせる職場」というようなものを（い　**環境型**　）のセクハラといいます。セクハラは、直接的には（う　**男女雇用機会均等**　）法第11条違反ですが、両性の平等や女性（時には男性）が安全な環境で働く権利や被害者の名誉をも侵害する行為といえます。また被害者だけでなく、（え　**職場全体の雰囲気**　）を悪くするものです。被害者は、行政の（お　**都道府県労働局**　）のなかの雇用環境・均等部（室）に訴えにいくことができますし、会社内の相談窓口や弁護士やユニオンに相談することもできます。

　　マタニティ・ハラスメント（マタハラ）とは、働く女性が（か　**妊娠・出産・育休取得等**　）にあたって職場で受ける精神的・肉体的な嫌がらせ、不利益です。例えばつわりを理由に遅刻したときに、上司が「（き　**退職したらどうですか**　）」と言うようなことです。

２ 中島さんはセクハラのことを少し学んで、職場や飲み会の席で、次のように言い返してみました。下に書いてあるやりとりをロールプレイしてみましょう。

●お茶くみを女性ばかりにさせることを上司に抗議に行ったときの会話
中島「お茶くみなどですが、私も仕事がありますし、できれば、自分のお茶は自分でいれるとか、来客のときも、順番にみんなで役割分担するとかしていただきたいんですけど」
上司「そんなことかいな。まあ、ちょっとのことやから気分よー今までどおりやっといて」
中島「いや、それは違うと思いますよ。硬くいうとこれはセクハラの問題なんで、ちゃんと対処していただけないなら、会社のセクハラ相談窓口に訴えたいと思っているんです」
上司「おいおい、ちょっと待ってーや。えっとー、わかったから、今度の会議でみんなにちゃんと自分のお茶は自分でいれるように言うから」

●飲み会の席で
上司「離婚したそうやけど、一人は寂しないか？　次の結婚するような相手はおるんかいな？　早く再婚して、子どもつくらなあかんぞー」
同僚「ほんまやねー。子づくりを手伝ってあげたらどうですか、課長（笑）」
中島「そういうプライベートなことを言ってくるのはセクハラですよ。セクハラを笑い事でごまかさないでください。今後、二度とそんなこと聞いたり、言ったりしないでください。今度言ったら、会社と組合にこのことを訴えますよ。今日は、私、帰ります（席を立つ）」

ワークシート❸
セクハラを許さない職場に

1 みんなで話し合い、正しいものには○を、間違っているものには×をつけましょう。

1）体に触るのはセクハラであるが、言葉で性的な冗談を言うのは、いくら相手が嫌がっていてもセクハラではない。（ × ）
2）上司が部下の女性を何度もデートに誘うのはセクハラである。（ ○ ）
3）会社は、セクハラがあってはならないということを、研修や規則で社員に教育しなければならない。（ ○ ）
4）会社で被害者がセクハラ被害を訴えても、明確な物的証拠がなく、加害を訴えられている人が否認しているとき、会社としてはそれ以上何もしなくてよい。（ × ）
5）セクハラがあった場合、被害者と加害者を引き離すための配置転換をするとか、加害者を処罰するなどの対処をおこなわなくてはならない。（ ○ ）
6）人員がぎりぎりの職場で、ある女性が妊娠したからといってよく病院に行ったり遅刻したりしたため解雇したが、これは合法である。（ × ）
7）連合が2015年におこなったマタハラ調査では、約3割に被害経験があった。（ ○ ）
8）妊娠・出産したため正社員をパートへ契約変更させた。これは違法である。（ ○ ）
9）幼い子どもの病気や運動会や入学式で休みを希望すると、「仕事と育児どっちが大事なの！」と言われた。これはマタハラである。（ ○ ）
10）妊娠初期に過酷な重労働を命じられ、切迫流産の危機で早産となったので、診断書を添えて休職届を提出したら「薬を飲んで働いてほしい」と言われた。これはマタハラである。（ ○ ）

2 ロールプレイをやってみて感じたことを書いてみましょう。

3 セクハラやマタハラは、あってはならないことですが、実際には程度の軽いものならたくさんあります。雰囲気を壊したくないし、会社で働き続けたいので、セクハラだと言って事を荒立てにくいと思う人が多いです。自分がされたとき、あるいは同僚が被害にあっていそうなとき、あなたはどうしますか？　話し合ってみましょう。

教師用解説

●セクシュアル・ハラスメント

　職場には、さまざまないじめ、上下・支配関係、暴力、攻撃、抑圧、威圧的な嫌がらせ、安全のはく奪、自由の侵害などがあり、上司などによる部下へのそうした言動全体をパワーハラスメント（パワハラ）、特に性（ジェンダー、セクシュアリティ）にからむものを、セクシュアル・ハラスメント（セクハラ）といいます。

　セクハラについては、解説書などもたくさん出ているので基礎的な説明は省きますが、大切な点は、加害者が、冗談だったとか、そんなつもりはなかったとか、過敏に考えすぎだとか言うこと自体、この問題に無理解であるということです。加害者の主観（意図）ではなく、被害者が傷ついたか、苦しんだかどうかが重要なのです。加えてセクハラ行為の被害程度や頻度、文脈、社会平均的な感覚も含めて総合的に判断することが必要です。

　セクハラは、直接的には男女雇用機会均等法第11条（**カード⑲**）違反ですが、両性の平等（憲法第14条、第24条）に反するものであり、女性（時には男性）が安全な環境で働く権利をも侵害する行為といえます。また、被害者の名誉や名誉感情、プライバシー、性的自由、性的自己決定権などの人格権を侵害し、個人としての尊厳を否定する行為ともいえます。

　要求に応じないと不利益を被らせるぞ（「仕事が欲しいならセックスさせろ」と言う、デートを断ると降格したなど）という「対価型のセクハラ」もありますが、広く存在しているのに理解されていないことが多いのは、「環境型のセクハラ」です。その行為がされること（あるいはその状況の放置）で、働きづらい環境がつくられる行為の総称です。例えば、性的な発言や質問をする、性的なうわさを流す、性的冗談や肉体関係を迫るような発言をする、性的な記事の出ているスポーツ新聞を広げる、相手の体をなめまわすように見る、お茶くみや雑務や飲み会でのお酌など性役割を女性に当然のように求めてくる、といったことです。

　被害者は、働きにくくなるだけではなく、時には退職に追い込まれたり、精神疾患になったりもしますし、そこで働いているほかの労働者にとっても働きにくい職場ということにもなります。セクハラ加害者を放置していた会社は、その不法行為に対して、使用者として不法行為責任を負います。

●マタニティ・ハラスメント

　マタニティ・ハラスメント（マタハラ）とは、働く女性が妊娠・出産・育休取得などにあたって職場で受ける精神的・肉体的な嫌がらせ、不利益、いじめです。例えば同僚が「あなたの妊娠によって、あなたの仕事をカバーしなければならなくなった」と言うことや、上司が「妊娠？じゃあ、辞めるよね」「つわりを理由に有給休暇などとるのはダメ」などと言うことです。

　連合（日本労働組合総連合会）が2015年におこなったマタハラ調査では、約3割に被害経験があり、8.0％が「妊娠中や産休明けなどに、心無い言葉を言われた」「妊娠・出産がきっかけで、解雇や契約打切り、自主退職への誘導等をされた」（11.5％）、「妊娠を相談できる職場文化がなかっ

た」（8.6％）、「妊娠中・産休明けなどに、残業や重労働などを強いられた」（5.4％）などという結果でした。

　直接言われなくても、妊娠のせいで自分の評価が下がるかもしれないとか、退社に追い込まれたくないと考えて無理をしてしまうような状況になっている職場もマタハラ状況にあるといえます。マタハラのために、妊娠をあきらめるとか、出産異常、死産、流産に至る場合もあるので、軽視できません。法律的には、マタハラの規定自体はありませんが、従来から妊娠・出産などによって解雇やパートへの契約変更などの不利益な取り扱いをすることは違法となっています。

●使用者の責任を追及していくことができます

　セクハラの防止や対処の点で、2007年4月の男女雇用機会均等法の改正（それにもとづく厚生労働大臣の指針）で、セクハラに対して、雇用管理上の「配慮義務」から「措置義務」へ事業主の責任が強化されたことは重要です（なお男性へのセクハラも2007年改正で対象となりました）。その「セクハラ防止のために事業主が構ずべき措置」とは、以下の10項目です。

　①就業規則やパンフレット・ホームページ・研修などを通じて、セクハラの内容の理解やセクハラがあってはならない旨の方針を明確化し、周知・啓発すること。②行為者については、厳正に対処する旨の方針・対処の内容を就業規則などに規定し、周知・啓発すること。③相談窓口をあらかじめ定めること。④窓口担当者は、内容や状況に応じ適切に対応できるようにすること。また、広く相談に対応すること。⑤事実関係を迅速かつ正確に確認すること。⑥事実確認ができた場合は、被害者に対する配慮の措置を適正におこなうこと。⑦事実確認ができた場合は、行為者に対する措置を適正におこなうこと。⑧再発防止に向けた措置を講ずること。⑨相談者・行為者等のプライバシーを保護するために必要な措置を講じ、周知すること。⑩相談したこと、事実関係の確認に協力したことなどを理由として不利益な取り扱いをおこなってはならない旨を就業規則などに定め、労働者に周知すること。

●被害者ができることは？

　「セクハラ防止のために事業主が構ずべき措置」は義務なので、それをしていない会社には即座に対処を求めていけますし、行政にも訴えていけます。事業主が義務を遂行しない場合、対策促進のため企業名公表制度が運用されます。また紛争が生じた場合、調停など紛争解決援助制度の対象となります。雇用均等室や都道府県労働局長や紛争調整委員会に訴えていけます。

　しかし、セクハラがあるから何とかしてほしいと訴えても、雇用均等室などの現在の実態は、「相談機関・中立機関であり、紛争解決への援助をおこなうが、企業側が事情聴取に応じないとかセクハラの事実を否定した場合、調査もできないし、何もできない（援助打ち切り）」と言ってあまり積極的に動いてくれないことも多いです。

　したがって実践的には、ユニオンや弁護士に相談し、セクハラを問題にして交渉していくことが有効です。行政に訴えに行くときには、こうした問題に詳しい人の同行が有効です。行政の対応がひどい場合、メディアに訴えるという手もあります。

コラム7 履歴書と職場の差別

　日本でよく使われる履歴書は、まず氏名、顔写真、性別、年齢を書く欄が最初にあり、その下に住所、そして学歴や職歴を書く欄があります。左半分はそれで埋まり、右半分で取得している免許や資格、志望動機や希望する働き方などを尋ねられます。場合によっては趣味や家族構成、健康状態を尋ねるものもあり、「希望する働き方」より上に記入欄があるときもあります。

　このような履歴書を見て、あなたは何か違和感を覚えませんか。慣れ親しんでしまって何も感じないかもしれませんが、なぜ顔写真を貼る必要があるのでしょうか。また性別や年齢も聞く必要はあるのでしょうか。職場は仕事をおこなう場であり、求められる仕事をおこなうことができれば性別や年齢は関係ないように思われます。しかし日本の履歴書では、職歴や資格よりも顔写真、性別、年齢、学歴を先に記入することが求められているのです。

　一方、アメリカやカナダでは氏名、年齢、性別、顔写真、配偶者・子の有無などの項目を削除した匿名の履歴書が普及しており、スウェーデンやオランダなどのヨーロッパ諸国では試験的な導入が始まっています。匿名化を進める目的は、採用差別を生じさせる項目を削除し、資格や職業能力のみを記載して公平で客観的な選考を促すことです。実際に、ドイツの反差別調査では、匿名履歴書を使用した場合に女性や移民が面接段階に進みやすくなったそうです[注]。

　このような他国の流れをふまえて日本の履歴書を見たとき、採用差別に対して隙(すき)がありすぎることに気がつきます。確かに、自分に任された仕事をきちんとおこなうだけでなく、チームワークや空気を読むことが求められる日本の職場では、「仕事ができるかどうか」は資格や職歴だけではわからないと感じる人が多いかもしれません。和を乱さないことも仕事の能力に含まれると。だから顔も見ておきたいし趣味も聞きたい、さらに履歴書は手書きで書かせ"仕事への姿勢"を見ておきたいといった採用側の気持ちが、現在の履歴書の背景にはあります。しかしそのような履歴書は、労働市場において不利な人々にとって職探しをする際の壁になっています。例えば、自分の性別に違和感をもつ人にとって性別欄に記入することは高いハードルです。性別欄に丸をつけずに採用される職場がないか探し続け、やっと採用されたと思ったら"未記入"に気づいたマネージャーから呼ばれ、戸籍上の性別を示すことを要求されたうえで解雇された人の労働相談もあります。

　職探しをする際に必ずといっていいほど提出を求められる履歴書には、その国の職場で何が重視され、何が軽視されているかが如実にあらわれます。日本の企業が、同質性よりも多様性や差別がないことに価値を見出すようになっているかどうかは、今後の履歴書の変化を見ればわかるでしょう。

注　「匿名履歴書、移民・女性にプラスの効果—連邦非差別パイロット調査」
　　http://www.jil.go.jp/foreign/jihou/2012_7/german_02.html

教材13
パワハラにやられっぱなしにならない
飲食レストランで働く木村さんと杉田さんの場合

ねらい パワーハラスメント（パワハラ）の実態と、法的な知識を知る。そのうえでパワハラ被害にあったときに、どのように対処したらいいかについての知識を身につける。

ワークシート❶
パワハラにやられっぱなしにならない

> 飲食レストランのＡ店には、店長（47歳）のほかに、社員３人、アルバイトが14人働いていて、シフトを組んで店をまわしています。店長は、気分次第で気に入らない人を怒鳴り散らし、シフトが埋まりにくいことや、みんなの働きぶりなどにいらついています。社員の木村真紀子さん（34歳）とアルバイトの杉田巧（たくみ）さん（21歳）は店長に困っています。ある日も、22時にお客が帰ったあと、残った従業員に向かって店長が怒りだしました。

店長「杉田は、この間、急に抜けたシフトの穴を埋めてほしいといったのに断ったよな。そういう勝手なことを言うヤツはこの店にいらないんだよ。やる気あんのか！」

杉田「あのー、金曜日は必ずゼミの集まりがあるので無理なんですけど……」

店長「そういうこと言ってるからダメなんだよ！　言い訳なんか聞きたくねえんだよ」

杉田「すみません。やる気はあります。迷惑かけてすみません」

店長「バイトの代わりなんて、いくらでもいるんだからな！　とろいんだよ、お前は。それから、木村！　お前、社員のくせに、バイトの管理もできねーで、どーすんだよ！　シフト、ちゃんと埋まるようにしろよ。それから客が少ない２時から５時の間は、バイトの４人中２人は、仕事じゃなくて待機ということで、無給にしとけ」

木村「えっ？　その人選、私がやるんですか」

店長「お前がやらなくて誰がするんだよ」

木村「でも昼の忙しいのと夕方とセットで入ってもらっているのに、真ん中の３時間、仕事がないというのはちょっとむつかしいと……」

店長「がたがた言ってんじゃねーよ。客もいないのに、無駄飯食わせられないだろーが。お前は何をやってもダメだな。やめちまうか？　バイトに降格させてやろうか？」
（そういって店長は、近くにあったメニューを床にたたきつけました）

●**質問**　職場で暴言を吐かれた体験も出し、３人のやりとりについて話し合いましょう。

ワークシート❷
パワハラにやられっぱなしにならない

1 労働法を学ぼう。

★上司が部下に、言葉や態度によって（あ　**精神的あるいは肉体的な苦痛**　）を与えることをパワーハラスメント（パワハラ）といいます。（い　**大声で怒る**　）、無理な目標を立てていじめる、ちょっとした失敗に目をつけて長時間の説教をする、仕事帰りに強引に飲みに誘うといったこともパワハラの一種です。

　パワハラあるいは職場のいじめは上司によるものだけでなく、同僚・部下・（う　**取引先**　）によるものもあります。例えば、悪いウワサを流す、（え　**仲間はずれにする**　）などです。

　もちろん職場では、仕事を教えるときなどに指導・叱責することはありえます。しかし、それが（お　**社会通念上許容される範囲**　）を超えれば、パワハラになります。

　2012年に厚生労働省の下のワーキンググループも「職場のパワーハラスメントの予防・解決に向けた提言」を出し、企業がとることが望ましい対応として、（か　**就業規則**　）にパワハラについての規定を書くこと、パワハラを予防するための研修をおこなうこと、（き　**相談窓口**　）や解決の場をつくることなどを示しました。

　もしあなたがパワハラにあっていると感じたら、まず（く　**証拠**　）を集めたうえで、（け　**ユニオン**　）や弁護士、労働局、警察、会社内の相談窓口などに相談しましょう。

2 社員の木村さんとアルバイトの杉田さんは、ユニオンにパワハラのことを相談して知識を得たので、店長にそのことを伝えようと考えました。下に書いてあるやりとりをロールプレイしてみましょう。

木村「店長、この間の、お客さんが少ない2時から5時の間のバイトは、無給で待機させろということですが、法律的にもちょっとムリな要求と思うんですけど」

店長「何？　おれに逆らうのか？」

木村「逆らうというんじゃないですけど、店長がこうやって怒鳴ったり脅したりするのはやめていただきたいんです。それはパワハラだと思います」

店長「何がパワハラじゃ！　おれのどこがパワハラじゃ。仕事を指導しとるだけやろ！」

木村「いえ、ユニオンに相談したんですけど、バイトの人や社員に大声で怒り、『お前は何をやってもダメ』『やめちまうか』などというのはパワハラにあたると……」

店長「何、言うとんじゃ！　そんなこと言うてへんやろ！」

杉田「いえ、みんな聞いています。私も言われました。メニューとかも投げつけましたし」

木村「本社の人事にも問い合わせました。そしたら、一度調査に行くといっていました」

店長「えっ、何？　本社に聞いたんか！　えーと、誤解もあるかもしれんから、おれから本社には説明するから、ちょっと待ってくれ」

ワークシート❸
パワハラにやられっぱなしにならない

1 みんなで話し合い、正しいものには○、間違っているものには×をつけましょう。

1) 厳しいノルマを与えるとか、絶えず新しい仕事をその人にさせるとか、普通だったらまかせる仕事をほかの人にさせる、ということは、パワハラや職場のいじめというほどのことではない。（ × ）

2) 営業成績がふるわないからとみんなの前で大声でバカにすることは、パワハラだ。（ ○ ）

3) 「注文書は、もうちょっと早く出すようにしてね」と1回言うだけでパワハラになる。（ × ）

4) 「それでも大学、出てんのか」といった批判を毎日言うのはパワハラである。（ ○ ）

5) 仕事のあと、いつも上司とともに飲み会に参加しなくてはならず、その場で、成績のふるわないものを叱責し、結果的にその人が土下座して謝らないといけないような飲み会が月に1回ある。仕事のあとの飲み会なので、パワハラとはいえない。（ × ）

6) パワハラされた記録として自分の日記に言われたことを書いたものはあるが、録音とか、会社の文書とか、同僚の証言はない。日記は被害者が勝手に書けるので、それだけでは証拠とはならない。（ × ）

7) 上司や同僚の許可を得ないで、ポケットに録音機を入れて録音しっぱなしにしていた。その結果、同僚と上司が、自分の悪口を自分に聞こえるように言って笑っているところや自分を罵倒するところが録音できた。上司たちは「それは盗聴と同じで、そんな録音は証拠にならない」と言っているが、自分はこれも証拠になると思う。（ ○ ）

8) 上司がよく怒っていて、職場のみなが「自分もうつ病になって働けなくなるかも」「あの上司ににらまれて会社を辞めさせられたらどうしよう」などと雇用不安をもってしまう職場はパワハラ職場である。（ ○ ）

2 ロールプレイをやってみて感じたことを書いてみましょう。

3 パワハラは、あってはならないことですが、実際には程度の軽いものならたくさんあります。雰囲気を壊したくないし、会社で働き続けたいので、パワハラだと言って事を荒立てにくいと思う人が多いです。自分がされたとき、あるいは同僚が被害にあっていそうなとき、あなたはどうしますか？　話し合ってみましょう。

教師用解説

●職場のいじめ、パワハラ

　パワーハラスメント（パワハラ）とは、上司が部下に言葉や態度による暴力（抑圧、圧迫）を与えたり、できもしない執拗な要求で精神的に苦痛を与えることです。誰が見てもわかるような、大声で怒ってものを投げるような暴力・暴言以外に、第三者からはわかりにくいけれども加害者の悪意があるもの、例えばできもしないノルマを設定したり、逆に仕事を意図的に与えなかったり、孤立させる、仕事の情報を与えない、部下からの電話やメールを無視するなどもパワハラです。

　パワハラと重なる概念として、職場におけるいじめ、職場のモラルハラスメント（モラハラ）というものもあります。パワハラ、あるいは職場のいじめは上司によるものだけでなく、同僚・部下・取引先によるものもあります。普通だったらまかせる仕事をほかの人にさせる、仲間はずれにする、標的の社員と話すことをほかの社員たちに禁じる、悪いうわさを流す、個人情報を調べてそれをネタに笑っているなど、敵意あるさまざまな言動がパワハラにあたります。

　「死ね」「お前は何をやってもダメだ」「いる意味がない」「ほかの人たちへの迷惑」などと人格否定のひどい言葉を浴びせるというようなことが実際に起こっています。明確な証拠を得ることがむずかしい場合が多いですが、職場ではしばしばみられることであり、被害者には非常につらい状況といえます。

●理解のポイント

　職場では、通常、指導や叱責はありえますが、その上司の言動や指導が、社会通念上許容される範囲を超えるかどうかが、判定のポイントです。またパワハラでも、セクハラと同様、主観的な被害認識は重要な要素です。つまり、常識・通常の範囲を超えているかどうかや個人的な被害感、回数や頻度・程度などを総合的に勘案して判断されるものです。重要な点は、パワハラは基本的には権力関係がある所に生じるものであり、被害者が不利益を被っているかどうかで結果から見て判断される性質があるということです。加害者がパワハラだと認識していなくても、立場の弱い非正規労働者や部下が怖い思いをしたり、不利益な結果に追い込まれたらパワハラとみなされる可能性が高くなります。例えば、第三者からはわかりにくく、加害者本人も悪意やパワハラしようという意識がないような場合での、「仕事を常に監視して少しのミスを注意する」「就業後の強引な飲み会の誘い」などもパワハラとなりえます。いくらあとで「指導のつもりだった」とか「パワハラのつもりはなかった」「コミュニケーションだった」とか言っても、土下座をさせたり、みんなの前で笑いものにしたり、仕事を与えなかったり、いつも飲み会に参加させていたり、遠方に配転させていたりすれば、それは適切な範囲を超えています。

　今のところ、パワハラを直接規定、規制する法律はありませんが、判例が積み重ねられてきており、2012年には厚生労働大臣の諮問機関が「職場のパワーハラスメントの予防・解決に向けた提言」(http://www.mhlw.go.jp/stf/shingi/2r98520000021hkd-att/2r98520000021hlu.pdf)を出し、これがひとつの基準となっています。同「提言」では「職場のパワーハラスメント」は、「同じ職場で

働く者に対して、職務上の地位や人間関係などの職場内の優位性を背景に、業務の適正な範囲を超えて、精神的・身体的苦痛を与える又は職場環境を悪化させる行為」と定義されました。

パワハラは、放置すれば働く人の意欲を低下させ、不本意な離職のほか、うつ病などの精神疾患、最悪の場合は自殺につながり、労働者の人生を大きく左右するため、気持ちよく働ける環境づくりは企業の責務とされています。パワハラは、特定の個人に継続的な労働環境の悪化や雇用不安を与える人権侵害といえます。パワハラがある職場だと、まわりの人も「怖くて身体が震える」「次は自分も同じようなことをされるかも」などと思って安心して働けません。

●企業がなすべきこと

先の「提言」では、予防のために各企業は、以下のような対応をすることが望ましいとされています。具体的には、職場のパワハラを予防するために、組織のトップが「職場のパワーハラスメントは職場からなくすべきであることを明確に示す」こと、就業規則にパワハラの関係規定を設けること、パワハラに関する労使協定を締結すること、予防・解決についての会社の方針やガイドラインを作成すること、パワハラ実態アンケートなどで把握すること、パワハラ予防研修を実施すること、パワハラについての組織の方針や取り組みについて周知・啓発を実施すること、企業内外に相談や解決の場を設置すること、現場の対応責任者を決めること、外部専門家と連携すること、パワハラ行為者に対する再発防止研修をおこなうことなどです。

近年、企業のパワハラ対策が進められていますが、それは会社で受けたパワハラが原因でうつ病を発症したような場合に労災認定されるようになってきたからです★1。会社として適切な対応をとらないと会社は裁判などで困るので対策が重要になっています。

●パワハラも我慢する必要はない

パワハラ的なことは昔からたくさんあったと思いますが、それが名前をつけられ、ひどいことだという認識が広がってきたことはよいことです。しかし、実際の職場では、現代社会の公的な人権意識に追いついていない、旧態依然の抑圧的なところもまだまだ多く残っています。厳しい経済状況のなか、人員削減で個人への仕事量が増えたり、厳しいノルマが課せられたりといったことがあって、その職場自体がいらついた風土になっていることが背景にあるように思います。

セクハラと同様に、パワハラも、あってはならない状況なので、被害者は証拠をできるだけ保存し★2、ユニオンや弁護士、労働局、会社内の相談窓口に相談して対処していくことが必要です。暴力事件の場合などは、刑法にかかわることなので直接警察に相談することも有効です。

注
★1　精神障害の労災認定においては、「業務による強い心理的負荷」があったかどうか、そのなかで「ひどい嫌がらせ、いじめ、または暴行を受けた」ことがあるかどうかが判断要件として重視されています。
★2　証拠としては、上司・同僚から言われた言葉などをノートなどに記録したもの、録音したもの、上司からの不当な指示・命令の指示書や処分の文書、同僚などパワハラ現場を目撃した人の証言、パワハラに悩んでいたことを相談した友人などの証言などです。自分に対して言われていることを上司の許可を得ずに秘密に録音機で録音しておくことは、自分の身を守るためにはおこなってもよいことであり、その録音は証拠として使えます。

コラム8 レイシャル・ハラスメント

　近年、路上でのヘイトスピーチが社会問題になり、2016年5月には「ヘイトスピーチ解消法」が成立しました。ヘイトスピーチは一般的に差別煽動を目的とし、民族、人種、出自、性別、性的指向、性別違和、障害の有無・種別などを理由に、マイノリティへ向けられる侮蔑・攻撃・貶めを表現する言動のことです。社会的・歴史的に不利な立場におかれているマイノリティの尊厳や生存を脅かす言動として、単なる悪口や汚い言葉遣いとは区別されています。

　一方、人種的・民族的偏見にもとづいた人権侵害の言動（レイシャル・ハラスメント）は、ヘイトスピーチほどあからさまにおこなわれないためわかりづらいですが、職場など日常生活の場で根強く残っています。例えば、偏見にもとづいて特定の民族や宗教を貶めることはもちろん、「黒人だから身体能力が高い」「ハーフだから可愛い」といった一見ほめているように思える言動も、個人の努力や個性を考慮していないという点で人を傷つけることがあります。また、あたかもその場に"日本人"しかおらず、国籍やルーツ、言語が異なる人がいないかのように会話を進めていくことも、疎外感を与えるという意味でレイシャル・ハラスメントにあたります。日本は単一民族国家ではないので、このような問題は以前からありました。しかしグローバル化が進むなか、より重要になっているのです。

参考：NPO法人 多民族共生人権教育センター　http://www.taminzoku.com

コラム9 「LGBT」と職場

　「LGBT」とは、女性同性愛者を指すレズビアン（Lesbian）、男性同性愛者を指すゲイ（Gay）、両性愛者を指すバイセクシュアル（Bisexual）、性別越境者を指すトランスジェンダー（Transgender）の頭字語をとった性的マイノリティを総称する言葉です。もちろん性的マイノリティのおかれた状況は多様であり、「LGBT」という言葉で一括して語ることに危うさはあります。しかし近年の権利獲得運動や啓発活動の進展とともに広がり、行政や企業も一定の対策に乗り始めています。

　一方、日常的なレベルでの偏見はまだまだ根強くあり、戸籍上の性別やセクシュアリティ（性的指向）を職場で示したことによって生じた労働問題に関する相談をユニオンでも受けることがあります。特に、社会保険など行政や法律上の手続きでは本人やパートナーの戸籍上の性を明らかにしなければならず、そのことによって解雇・雇い止めやハラスメントにあうことがあります。また、それを恐れて、社会保険に加入できていない場合もあります。近年の「LGBT」施策の進展はめざましいものがありますが、まだまだ多くの問題が残されているといえます。

教材 14
労働基準監督署に行ってみよう
解雇予告手当の未払いを申告する場合

ねらい 労働基準法違反について取り締まる労働基準監督署の役割と問題点を学び、ロールプレイをおこなうことによって労働基準監督署に行ったときの注意点を覚える。

ワークシート❶
労働基準監督署に行ってみよう

> 会社から突然「明日から来なくていいよ」と言われた渡辺さんは、どこか相談できる場所はないかと思い、労働基準監督署（ろうどうきじゅんかんとくしょ）に行きました。戻って働き続けることは無理でも、せめて解雇予告手当や、これまで払われてこなかった残業代を会社に支払ってほしいと考えています。

● **労働基準監督署での会話**

渡辺「昨日、いきなり『明日から来なくていい』と言われまして。戻って働き続けることはむずかしいと思うのですが、せめて解雇予告手当（かいこよこくてあて）はほしいので相談に来ました」

監督官「上司から『来なくていい』と言われたんですか？」

渡辺「はい、そうです」

監督官「『解雇』とは言われていないわけですし、解雇ではないかもしれませんよ」

渡辺「いえ、でも、先ほど会社に行ったところ、『もう一緒には働けない』と言われました」

監督官「だから『解雇』とは言われていないんですよね」

渡辺「でも『来なくていい』とか『働けない』と言われたら、解雇と一緒だと思うんですけど」

監督官「あなたがそう思っているだけかもしれないじゃないですか。そこにもし私が『解雇予告手当を払ってほしい』と電話して、『いいえ、解雇はしてません』と言われたら、どうするんですか？」

渡辺「ど、どうするって……」

監督官「なので、もう一度会社に連絡をして解雇かどうか確認をしてから来てくださいませんか？」

渡辺「は、はい……」

● **質問** 2人のやりとりを読んで、どう思いましたか？ 渡辺さんと監督官の両方の立場になって話し合いましょう。

ワークシート❷
労働基準監督署に行ってみよう

1 労働法を学ぼう。

★労働基準監督署は、よく労基署（あ **ろうきしょ**）と呼ばれ、労働基準法の違反について取り締まるところです。「署」のつく役所はほかに警察署と消防署しかなく、労働基準（い **監督官**）は、会社に（う **立ち入り調査**）をしたり、経営者を逮捕したりすることができるなど、強い力をもっているのです。

★自分の家から一番近い労基署の住所と電話番号を調べてみましょう。
（住所　　　　　　　　　　　　　　　　　　　電話番号　　　　　　　　　　　　　　）

★労働者は賃金が支払われないなどの（え **労働基準法**）違反にあったとき、労働基準監督官に（お **申告**）することができ、そのことによって（か **解雇**）、賃金未払い、休憩時間なしなどといった不利益な扱いを受けないように法律によって守られています。会社への調査をおこなうときには、申告した人がわからないように工夫をしてくれますし、（き **自分の名前**）や会社名を言わずに相談だけをすることもできると覚えておきましょう。監督官に会社への調査や指導をしてほしい場合は、「労働基準法違反を（く **申告**）に来ました」とハッキリ伝えることが大切です。窓口で受付をしている人に（け **相談**）をしても、通常、監督官は動いてくれません。

★監督官に申告をするときには、会社が違反をしているとわかる（こ **証拠**）があったほうがいいです。（さ **契約書**）や就業規則、求人広告や（し **給与明細**）はもちろん、自分や家族の書いた（す **メモ**）も証拠になります。働き始めたら、会社から渡された書類や働いた時間の記録などは必ず残しておくようにしましょう。とにかく大事そうだと思ったものは（せ **捨てない**）ことです。

★仕事が原因でケガをしたり病気になってしまったりすることを（そ **労働災害**）といい、労災保険から治療費などが出ます。労災かどうかを判断するのは（た **労働基準監督署長**）です。心の病気や腰痛など仕事が原因かどうかわかりにくい場合、申請が認められないこともあるので、病院で（ち **診断書**）を書いてもらったり同僚や友人に証言をお願いするなど、ちゃんと（つ **証拠集め**）をすることが大切です。

2 労働基準監督署に行く前に渡辺さんはユニオンに相談し、どのように言えばいいのかを学びました。下に書いてあるやりとりをロールプレイしてみましょう。

渡辺「すみません、解雇予告手当の未払いがあって、監督官に申告に来ました」
受付「はい、わかりました。まずは私がお話を伺います」
渡辺「相談ではなく、申告に来たのですが」
受付「まず私がお話を聞いて問題点を整理したあとに、監督官におつなぎしますので大丈夫ですよ」
渡辺「わかりました」
受付「解雇予告手当の未払いを申告したいとのことですね」
渡辺「はい。働いた時間についてはメモしかないのですが、大丈夫ですか？」
受付「大丈夫ですよ」
　（解雇予告手当の計算をしたあと、監督官が呼ばれる）
監督官「監督官の山田です。労働基準法の違反を申告に来られたと聞きましたが」
渡辺「はい、解雇予告手当が支払われないので、それで来ました」
監督官「なるほど。解雇予告手当の未払いと、理由のよくわからない天引きがあって、その請求をしたいということですね」
渡辺「天引きについては先ほど受付の方と話をしていてわかりました」
監督官「了解しました。それでは一度、渡辺さんご本人から請求をしていただけませんか？それでも支払われない場合に、監督署として会社にきちんと支払うよう連絡したいと思いますので」
渡辺「え、そうなんですか？」
監督官「はい、お願いします。会社に言っても支払われなかったら、またこちらに連絡してください」
渡辺「わかりました。お名前をもう一度伺ってもよろしいですか？」
監督官「はい、監督官の山田と申します。名刺をお渡ししますので、これからはこちらに連絡をください」
渡辺「それではよろしくお願いします」

ワークシート❸
労働基準監督署に行ってみよう

1 みんなで話し合い、正しいものには〇、間違っているものには✕をつけましょう。

1) 労働基準法違反があったら市役所に行くと解決する。（ ✕ ）
2) 賃金の未払いがあったら労働基準監督官に申告することができる。（ 〇 ）
3) 労基法違反の申告を受けても、重大でなければ監督官は動かなくてもいい。（ ✕ ）
4) 会社は労働者を、労基署に申告したことを理由として解雇してはいけない。（ 〇 ）
5) 監督官は、会社に立ち入り調査をすることができる。（ 〇 ）
6) 違反を申告するとき、自分で書いたメモは証拠にならない。（ ✕ ）

2 労働法を学ぼう。

労働基準法第102条 （あ **労働基準監督官**）は、この法律違反の罪について、刑事訴訟法に規定する司法警察官の職務を行う。

労働基準法第104条 事業場に、この法律又はこの法律に基いて発する命令に（い **違反**）する事実がある場合においては、（う **労働者**）は、その事実を行政官庁又は（え **労働基準監督官**）に（お **申告**）することができる。

2 （か **使用者**）は、前項の申告をしたことを理由として、労働者に対して（き **解雇**）その他（く **不利益**）な取扱をしてはならない。

3 ロールプレイをやってみて感じたことを書きましょう。

4 「早く出世したいから」「解雇されてしまうから」といった理由で長時間働いている労働者がいるとします。それに対し、「長時間働くのは個人の自由ではないか」と賛成する考えと、「それを認めてしまうと、みんな長時間労働にされてしまう」として反対する考えがあります。そこで、1日8時間以上働くことについてどう考えたらいいか、話し合ってみましょう。

●教師用解説

●労働基準監督署は労働問題の警察署です

　労働基準監督署（労基署）は労働条件や労働者の保護に関する監督をしている行政機関であり、労働基準法（第11章　監督機関）にもとづいて設置されています。警察署、消防署と並ぶ「署」のつく機関のひとつであって、労働基準監督官は事業所への立ち入り調査権など強い権限をもっているのです。

（労働基準監督官の権限）
第101条　労働基準監督官は、事業場、寄宿舎その他の附属建設物に臨検し、帳簿及び書類の提出を求め、又は使用者若しくは労働者に対して尋問を行うことができる。
２　前項の場合において、労働基準監督官は、その身分を証明する証票を携帯しなければならない。
第102条　労働基準監督官は、この法律違反の罪について、刑事訴訟法に規定する司法警察官の職務を行う。

　2009年度１年間に全国の労働基準監督署などにある「総合労働相談コーナー」に寄せられた相談は114万1006件で、過去最高を更新しました。その後、減少傾向にありますが、８年連続100万件を超えるなど高止まりの状態にあります（厚生労働省「平成27年度個別労働紛争解決制度施行状況」http://www.mhlw.go.jp/stf/houdou/0000126365.html より）。また全国の労働局が時間外・休日、深夜労働に対する割増賃金の支払いが適正におこなわれていないと疑われる企業に対して監督指導をおこなった結果、20万人の労働者に142億円が支払われたそうです（「監督指導による賃金不払残業の是正結果（平成26年度）」http://www.mhlw.go.jp/bunya/roudoukijun/ching-c_h26.html より）。

　しかし、こうした膨大な相談に対して労働基準監督官の人数は限られており、相談に行っても「証拠が不十分だから対応できない」といった消極的な対応しかしてもらえない場合があります。例えばワークシート①に書いた監督官の発言は実際にあったものです（しかし、解雇予告手当が支払われていないという明確な労基法違反が確認されたわけではないので、ワークシート①での監督官の対応は厳密には「違法」ではないといえます）。もちろん熱心に対応してくれる監督官もいますが、事なかれ主義の考えの監督官も、膨大な業務を抱えていて消極的対応をとる監督官もいるように見受けられます。働きやすい社会をつくっていくためには、もっと労働基準行政の人員を増やしていくことが不可欠なのです。

●労働基準法違反があったら「申告」に行きましょう

　労働者は、賃金の未払いなどの労働基準法違反にあった場合、監督官に「申告」することができ、そのことによって不利益な扱いを受けないように法律によって守られています。

（監督機関に対する申告）
第104条　事業場に、この法律又はこの法律に基いて発する命令に違反する事実がある場合においては、労働者は、その事実を行政官庁又は労働基準監督官に申告することができる。

2 　使用者は、前項の申告をしたことを理由として、労働者に対して解雇その他不利益な取扱をしてはならない。

　ここで重要なことは、労働基準監督署に行って窓口の人に「相談」をしても、監督官が調査などに動いてくれるとは限らないという点です。よく「労基署に行っても何もしてくれなかった」という声を聞きますが、それは受付の人に「相談」だけをして監督官に「申告」をしていなかったことが原因の1つだと考えられます。

　労働基準監督官に動いてもらうためには、「労働基準法違反を申告に来ました」と明確に伝える必要があります。また逆に言うと、労基署に相談に行ったからといって、すぐに監督官が動いて会社にバレてしまうということはありません。窓口の人に、自分の抱えている問題に対して監督官がどのように動いてくれるのか、相談することができます。匿名での申告もできますし、誰が申告したのかバレないような配慮も調査の際にしてくれるといわれています。

●記録はメモでも大丈夫です

　労基署に申告や相談に行くときは、契約書や就業規則、労働時間を記録したメモなど、関連する書類はなるべく全部持っていったほうがいいです。メモでも証拠になるので、働き始めたらメモを取るように生徒に伝えることをお勧めします。

　働き始めたら残しておくべき、労基署に持っていくべき書類・メモの例
- 求人広告／求人票
- 面接のときにどういった説明を受けたかのメモ（時給や雇用期間など）
- 契約書
- 就業規則
- 給与明細
- 労働時間や働いた日数・内容のメモ
- 社長や上司に言われたことのメモ（パワハラ発言など）

＊とにかく書類は捨てないことです。

●労災かどうかの判断をするのは監督署長

　働いているときに起こったケガや病気（労働災害・労災）のことを扱うのも労基署の大切な仕事です。よく会社が「それは労災じゃない」といった発言をして、労働者をごまかそうとすることがあります。しかし、労災かどうかを判断するのは労働基準監督署長なので、そういった発言にだまされないように注意するよう生徒に伝えてください（教材15参照）。

非常勤公務員労働の問題

　公務員には非常勤労働者がたくさんいます。地方公共団体のなかでは、地方公務員法（以下、地公法）第3条第3項第3号の特別職非常勤職員（以下、特別職）、同法第22条の臨時的任用職員、同法第17条の一般職非常勤職員、そして地方公共団体の一般職の任期付職員の採用に関する法律による任期付職員などがあります。

　若い人のなかには公務員になりたいと思う人も多いでしょうが、正規公務員はこれ以上増やさない、減らしていくという流れのなかで、非常勤公務員が増やされているのです。地公法の規定とは合致しないようなかたちで非常勤の雇用（任用）が乱用されています。例えば大阪市では、多くの部署で300種類以上の職種で、特別職として非常勤を採用していますが、それは本来、地公法第3条第3項第3号で採用するべきでないような職種に広がっています。そして従来は事実上無期雇用であったのに、最近では3年で雇い止めするようなことが多くなってきて、一層不安定化しています。

　行政は法律を守るのが当然のはずですが、実態はそうでもありません。例えば大阪市の宿日直労働は週30時間労働（したがってひと月で約130時間）の特別職非常勤で雇われていますが、実際はひと月約280時間の労働で、報酬が月21万円ほどとなっており、最低賃金を割っていました。そのことが指摘されて労働基準法違反の申告が労基署から出され、2016年6月には約100人に対して過去2年の未払い賃金約1億5000万円が支払われました。このように、行政といっても、ちゃんと申し出ていかないと違法なことが放置されてしまうのです。ちなみに、大阪市の非常勤特別職などの就業規則はつくらないといけないのにいまだほとんどの区でつくられていません。

　そういう実態があるので、生徒・学生さんが非常勤公務員になると想定して、法的知識や労基署の使い方、ユニオンのことなどを伝えておくことが重要です。

　宿直労働のことでいえば、大阪市は4人体制であるがゆえに、長時間労働で有給休暇も非常にとりにくくなっていました。しかし京都市では労働組合が粘り強く交渉して、6人体制にして労働時間を減らし、有給休暇がとれるようになり、時間外手当、休日手当、深夜手当なども払われるようになりました。また京都市では、夜にもいろいろな仕事をしないといけないという実態を労働組合が示して、仮眠時間を含んで職場に泊まり込んでいる時間全体を労働時間と認めさせています。しかし大阪市の労働組合はそういう交渉をしていないので、今後も長時間労働・低賃金が続くことになります。つまり、組合を通じて交渉していかないと、労働条件はよくならないということです。

　非常勤は雇われるときに、1年の有期雇用で最大3年というように決められていることが多いですが、労働者は、そう言われたから仕方ないとあきらめるのではなく、ずっと継続する仕事で経験値が上がる仕事であるのになぜ有期雇用なのか、といった疑問をもってユニオンなどに相談していくことが必要でしょう。人事部や労基署に事態を訴えていくことも大事です。市民としても、公務員たたきに乗せられるのではなく、役所のなかには多くの非正規公務員が低賃金で働いていることを意識しておくことが大事ではないでしょうか。

教材 15
労災保険を利用しよう
仕事でケガしたり病気になったりした場合

ねらい 仕事にかかわってケガや病気をしたときのために労災保険があることを学び、ロールプレイで労災保険の申請のイメージをつかむ。

ワークシート❶
労災保険を利用しよう

中村さんは、アルバイトとして「ぼちぼちマート」で働いてきました。ある日、通勤途中に転んでしまい足をねんざしてしまいました。何とかお店まではたどり着きましたが、痛くて仕事ができそうにありません。そこで店長に相談することにしました。

● **店長との会話**

中村「店長、あわててお店に向かっていたら、足をひねってしまいました」
店長「痛そうな顔してるなあ。歩けるか？」
中村「はい、痛いですが、何とか……」
店長「でも無理はせんとき。今日は帰ってもええよ」
中村「あ、ありがとうございます」
店長「健康保険は入ってる？」
中村「はい、保険証は持ってます」
店長「そうか、よかった。じゃあ、それを使って病院に行ってきて。仕事中やったら労災になるけど、通勤途中やから労災ちゃうやろ」
中村「そうなんですか。わかりました」
店長「次のシフトに入れるかどうか、わかったら連絡してな」
中村「ご心配をおかけしてすみません」
店長「お大事に」

● **質問** 世の中にはどんな労災があると思いますか？ いろいろな職場の状況を想像して考えてみましょう。

ワークシート❷
労災保険を利用しよう

1 労働法を学ぼう。

★労働災害保険＝（あ **労災**）保険は、仕事中や（い **通勤中**）のケガあるいは病気を治すために必要なお金などを補償するものです。治療費のほか、治すために休んでいる期間の生活費として賃金の（う **80％**）、障害が残った場合の（え **年金**）や一時金、死亡した場合は遺族に年金や（お **一時金**）が払われます。

　１人でも労働者を雇う場合、事業主は（か **労災保険**）に加入し、（き **保険料**）を全額負担しなければならないと決められています。労働者の労災保険料の負担はありません。また、ふだん病院に行くときに使う（く **健康保険**）は、仕事によるケガや病気の場合は使えないと決まっています。

★労災保険かどうか（労災保険を適用するか）を判断するのは（け **労働基準監督署長**）であり、社長や会社ではありません。申請書を受け取った監督署はケガをしたときの状況などを調べ、治すのにかかった費用を給付するかどうかを決めます。もし審査結果に納得がいかない場合は、（こ **不服**）を申し立てることができます。

　また、会社はいろいろな理由で労働災害が起こったことを隠そうとしますが、それは（さ **労災隠し**）と呼ばれています。

2 ユニオンに相談し、通勤途中でも労災になることを知った中村さんは、店長に協力をお願いすることにしました。ロールプレイしてみましょう。

中村「先日のケガですが、健康保険は使えないと言われたので労災申請をしようと思います」
店長「健康保険が使えないはずはないで」
中村「いえ、お店に行く途中のケガですと言ったら、そういうふうに言われました」
店長「お店に行く途中も労災になるんか？」
中村「はい、病院の先生も労働基準監督署の人もそう言ってました」
店長「そうやったんや、知らんかったなあ」
中村「それで、労基署に行って書類をもらってきたので、書いてもらえませんか？　書類は簡単ですし、『もう保険料は払っているはずなので、社長さんがこれ以上お金を負担することはない』と職員の方も言っていました」
店長「どこに何を書けばいいん？」
中村「ここに店長さんの名前を書いてほしいんです」
店長「わかった」
中村「ありがとうございます。これで自腹で払っている分が返ってきます」
店長「そうか自腹で払ってたんか、悪かったなあ」

ワークシート❸
労災保険を利用しよう

1 みんなで話し合い、正しいものには〇、間違っているものには×をつけましょう。

1) 仕事中にケガをして病院に行くときは健康保険を使う。(×)
2) 通勤中のケガでも労災保険は申請できる。(〇)
3) 使用者は仕事でケガや病気になった労働者が休んでいる間、解雇してもかまわない。(×)
4) 労災かどうかは労働基準監督署長が決める。(〇)
5) 労災のことは、労災保険情報センターのホームページに詳しい。(〇)
6) アルバイトは労災を申請できない。(×)

2 労働法を学ぼう。

労働基準法第75条 労働者が（あ **業務**）上負傷し、又は疾病にかかつた場合においては、使用者は、その費用で必要な療養を行い、又は必要な療養の費用を（い **負担**）しなければならない。

労働基準法第19条 使用者は、労働者が業務上負傷し、又は疾病にかかり療養のために（う **休業**）する期間及びその後（え **30**）日間（略）、解雇してはならない。

健康保険法第1条 この法律は、労働者又はその被扶養者の業務災害（略）（お **以外**）の疾病、負傷若しくは死亡又は出産に関して保険給付を行い、もつて国民の生活の安定と福祉の向上に寄与することを目的とする。

3 ロールプレイをやってみて感じたことを書きましょう。

4 働きすぎが原因で命を失ってしまうことを過労死・過労自死といいます。これに対し「過労死は労働者の自己管理の問題だから会社に責任はない」という意見があります。それについてどう考えたらいいか、話し合ってみましょう。

●教師用解説

●労災保険と健康保険は違うものです

　職場は、重いものを運んだり機械で作業をおこなったりと危険と隣り合わせの場所です。また長時間労働によってうつ病などの精神疾患を発病し、自殺へと至る場合もあります。こうした働くことに起因した災害は労働災害と呼ばれており、労働基準法第75条は労働災害への補償の費用負担を使用者がおこなわねばならないと定めています。

　労働基準法第75条　労働者が業務上負傷し、又は疾病にかかつた場合においては、使用者は、その費用で必要な療養を行い、又は必要な療養の費用を負担しなければならない。

　そして、この費用を負担するためにつくられたものが労災保険制度です。労災保険は、雇用形態や国籍など関係なく使用されて賃金を支給されるすべての人が給付の対象になります。また通勤中のケガも通勤災害と呼ばれ、労災給付の対象になっています。この制度を支えるのは使用者であり、労働者を1人でも雇う使用者は労災保険に加入しなければならず、保険料も使用者が全額支払わなければなりません。つまり、健康保険とはまったく別の保険制度なのです。金銭的にみても、健康保険を使うより、労災保険のほうが治療費を負担せずにすみ休業の補償が多いので有利です。会社が健康保険を使うようにいってもだまされないことが大事と生徒さんに伝えてください。

●労災保険から支払われるものにはいろいろあります

　労災保険給付の種類には、さまざまなものがあります。まず療養給付といって治療にかかる費用が支払われます。次に、労災によって働けず賃金を受け取れない日のうち最初の3日間は事業主負担ですが、4日目からは休業補償給付（賃金の約80％）が受けられます。また障害が残ってしまった場合には障害補償年金や一時金が給付され、亡くなってしまった場合には遺族補償年金や一時金が支払われるのです。そのほか、葬祭料や介護補償なども給付されます。

●労災隠しは犯罪です

　このように整備されている労災保険制度ですが、実際のところ業務上のケガや病気を「労災ではない」として隠そうとする会社が後を絶ちません。これを「労災隠し」といい、年々書類送検される件数が増えています。

　労災隠しでよくある例としては、以下のものがあります。

- 労災を認定するのは労基署なのに、社長が勝手に「労災ではない」と断定して申請をあきらめさせる
- 「パートやアルバイトには労災はない」とウソをつき、労災申請をあきらめさせる
- 会社が治療費を負担し、労災保険を使わせないようにする
- 労災保険ではなく健康保険で治療するように誘導する
- 会社の責任を隠すために、業務中に起こった事故（労働災害）を通勤中の事故（通勤災害）扱いにする
- 元請け会社の責任を隠すために、下請け会社が自社の責任で起こした事故であるかのようにウソの報告をする

またそのほかに、実質的には指揮命令のある雇用関係であるのに契約上は請負関係にし、労災保険に加入することを逃れようとする「使用者」も多くいます。

それでは、なぜ会社は労災隠しをするのでしょうか。

- 事故の件数が増えると保険料が上がる
- 労災保険に入っていないことや保険料をごまかしていることが発覚する
- 会社の安全衛生に対する配慮のなさが行政や社会に知られることになる
- 元請け会社に負担をかけその責任が問われることになれば、下請け会社が仕事を受注できなくなる恐れがある

といった理由が考えられます。つまりコスト削減や受注獲得競争のしわ寄せが、労働者の安全を軽視することにつながっているといえるでしょう。

●少しずつ過労死や精神疾患が労災として認められるようになっています

長時間労働が常態化するなか、過労死や過労自死（自殺）が社会問題になっています。また長時間労働やパワーハラスメントによって、うつ病など精神疾患を発症する労働者も後を絶ちません。しかし業務との因果関係を証明することがむずかしいため、なかなか労災として認定されてきませんでした。しかし遺族などによる粘り強い闘いの結果、少しずつ認められてきているのが現状です。

厚生労働省は2001年に通達を出し、「発症前1カ月間におおむね100時間又は発症前2カ月間ないし6カ月間にわたって、1カ月当たりおおむね80時間を超える時間外労働が認められる場合は、業務と発症との関連性が強いと評価できる」と労災認定の基準を定めました。これは現在「過労死ライン」と呼ばれています。また、精神疾患に関しては「精神障害の労災認定」を発表し、業務による心理的負荷の評価方法などを明確化しました。厚生労働省のホームページ内に「労災補償関係」のパンフレットが集められているページがあるので、一度チェックしてみてください。

●「労災かな」と思ったら労基署や相談機関に行きましょう

働くことによってケガや病気が発生・発症した場合は、まず病院で診断書をもらい、労基署に相談に行くことを生徒には勧めてください。仮に会社が費用を負担すると言っていたとしても、治療費のみならず休業せざるをえない場合の補償や、障害や後遺症が残ってしまった場合の補償まで、労災を隠すような会社が面倒をみてくれるとは考えられないからです。会社との関係はいつ切れるか、切られるか、わからないものですが、自分の体との付き合いは一生続きます。一時的な会社との関係よりも自分自身の体を大事することを第一に考えたほうがいいでしょう。また企業の労災隠しを許してしまえば、いつまでも安全を軽視する使用者が存在し続けることになります。自分自身だけではなく、ほかの労働者のためにも労災申請をしたほうがいいのです。

しかし労基署に書類を提出したからといって、即座に労災として認定されるとはかぎりません。特に仕事との因果関係を証明しづらい精神疾患などは、職場の同僚に証言をしてもらうようにするとか、過労やパワハラの証拠集めをしておくことが不可欠です（労働基準監督署が聞き取り調査をしますが、その聞き取りの対象となった同僚の匿名性は労基署の責任において守られます）。なので、労災申請の際には全国労働安全衛生センター連絡会議やユニオンなどに一度相談しておいたほうが無難だといえます。

教材 16
雇用保険をちゃんと使おう
自分を守る辞め方と失業中の生きのび方

ねらい 仕事を辞めることは、どんな理由にせよ生活を大きく変化させる。特に解雇など不本意な理由で辞めるときには、その後の生活への悪影響を最小限にとどめたい。ここでは、自分の身を守りながら仕事を辞めるノウハウと、雇用保険制度のことを知り、退職のときなどにこの制度を適切に使うためのロールプレイをおこなう。

ワークシート❶
雇用保険をちゃんと使おう

> 山本さんは正社員として、5年間「ぼちぼちエクスプレス」で働いてきました。しかし今の上司に代わってから急に仕事の量が増え、この1年間、終電で帰ることが当たり前のようになってしまいました。そのため山本さんは精神的にまいっています。

●退職を迫る上司との会話

上司「最近、あなたの業績の落ち込みが激しいですね」

山本「すみません。頑張っているのですが、最近どうも体調が悪く……」

上司「体調? 気合が足りないんですよ。もし体調が優れないんだったら、B部門に移ってもらうことになるけど?」

山本「B部門? 遠すぎます。それだと引っ越すことになりますよね。でも親の介護をしなければならないので、転勤は無理です」

上司「異動が無理なら、給料を4割カットにしないと雇い続けられませんね」

山本「そんな……。それだと生活ができなくなります」

上司「でも利益を上げられない社員を雇う理由は会社にはないんですよ」

山本「でも、これまで私は会社のために身を粉にして働いてきました」

上司「これまではありがとうございます。それで、これからはどうなんですか?」

山本「そんな言い方はあんまりです。そんな条件なら、もうここでは働いていけません」

上司「そうですか、退職されるんですね。それでは自己都合退職ということで手続きを進めていきます」

●**質問** こういったことを上司に言われたらどういう気持ちになるか、またどういった反論が考えられるか、山本さんの立場になって考えてみましょう。

ワークシート❷
雇用保険をちゃんと使おう

1 雇用保険制度を学ぼう。

★仕事を失ってしまった場合の生活を支えるために、（あ　**雇用**　）保険があります。失業するとその保険から（い　**失業手当**　）がもらえます。1カ月に給付される手当の額は、もらっていた月給のおよそ（う　**50〜80**　）％です。加入条件は（え　**31**　）日以上の雇用見込みがあって、週（お　**20**　）時間以上働いていることで、この条件を満たしていればパートやアルバイト、派遣労働者も加入できます。この条件にあてはまっている人は原則（か　**全員**　）保険に入り、月給の（き　**0.4**　）％分の（く　**保険料**　）を払います。もし加入すべき状況にあるのに会社が加入させていなかったとしても、過去（け　**2**　）年さかのぼって加入できます。

2 会社を辞めて失業状態になった山本さんは、失業手当を受け取るためにハローワークに……。下に書いてあるやりとりをロールプレイしてみましょう。

山本「あのー、失業手当のことで相談に来たんですけど……」

ハローワーク職員（以下、職員）「まず、雇用保険に加入されていましたか？　そのうえで求職活動をしていただく必要がありますので『求職の申し込み』をおこなってください」

山本「はい、雇用保険に入っています。これが離職票です」

職員「自己都合退職と書いてあるので支給は3カ月後になりますが、ご存じですよね」

山本「はい、それは知っていますが、今日はその点でご相談に来ました。実は長時間労働と上司からのパワハラで精神的にまいってしまい、診断書をもらって1年ほど休職していました。それで『休職期間が過ぎたので辞めてくれ』と会社から言われて辞めたんです。だから会社都合退職だろうと思って離職票を見たら自己都合になっててビックリしまして、ユニオンに相談したら、『特定受給資格者』か『特定理由離職者』に当てはまるからハローワークで退職理由を書き直してもらったほうがいいと言われたんですよね。それで今日は来ました」

職員「そうですか。そのことを証明するようなものはありますか？」

山本「この紙に、長時間労働やパワハラについての経緯がまとめてあります。あと、これが休職前にとった心療内科の診断書です。それからパワハラ発言については、同僚が証言してくれます」

職員「わかりました。これから会社からも話を聞き、山本さんのおっしゃることが事実かどうか調査することになっているので、それをふまえて判断します」

山本「はい、そうしてください。お金がないので早くお願いいたします」

ワークシート❸
雇用保険をちゃんと使おう

1 みんなで話し合い、正しいものには○を、間違っているものには×をつけましょう。

1）雇用保険加入の条件にあてはまっていても、雇用保険には入っても、入らなくてもよい。（ × ）

2）「週4日、1日5時間、半年契約のアルバイト」は、雇用保険に加入することができない。（ × ）

3）会社は、「お前が保険料払っていなかったから、お前には雇用保険かけてないぞ」と言ったが、それは仕方がない。（ × ）

4）今年2月に就職して雇用保険料をちゃんと払っていたが、5月に解雇されてしまった。今、ハローワークに行ったら失業手当をもらえる。（ × ）

5）自己都合で辞めたとき、失業手当は手続きしたら1カ月後にもらえる。（ × ）

6）失業して4カ月してからハローワークに行って「失業手当がほしい」と言ったら、「自己都合退職で、今日、手続きされたので、支給は今日からおよそ3カ月後になります」と言われた。（ ○ ）

7）会社に在職中、仕事とは関係なく腰痛になって働けなくなった。この場合、健康保険から傷病手当金をもらえる。（ ○ ）

8）自己都合で退職したが、実は子どもが病気がちでその世話に集中しなくてはいけなくなったので、働き続けることが困難になったからだった。この場合、手続きをすれば、退職後すぐに失業手当を受け取ることができる。（ ○ ）

2 ロールプレイをやってみて感じたことを書いてみましょう。

3 日本では失業手当を受けられる期間が長くても1年未満ですが、3年から4年と長い国もあります。「受給期間が短いと仕事を選べない」という意見がある一方、「長いと働く意欲をなくしてしまう人が出てくる」という指摘もあります。いろいろな考えを出し合って、失業手当を受けられる期間は短いほうがいいのか、長いほうがいいのか、話し合ってみましょう。

教師用解説

●雇用保険は大切な制度ですが、問題点もあります

　雇用保険に入るのは労働者の基本的権利であり、義務です。パートやアルバイトや派遣労働者でも、31日以上の雇用見込みがあって、週20時間以上働いている人は加入することになっています。加入すると保険料を払うことになります（2016年4月段階では、通常は給料の0.4％が労働者の負担分です）。もし会社が加入していなくても、権利がある人は過去2年さかのぼって加入できます。会社都合退職の場合、離職前の1年に11日以上働いた月が6カ月以上あり、かつ保険料を払った月が6カ月以上ある人が失業手当を受けとることができます。加入しているかどうかは管轄のハローワークに聞けばわかります。条件に適合しているのに加入していない場合、ハローワークに訴える必要があります。保険料をちゃんと払っていると、失業したときに失業給付（基本手当）が一定期間もらえます。その額は、もらっていた賃金のおよそ50～80％です。もらえる期間は、働いていた期間や年齢、辞めた理由などによって変わってきますが、下の表のように90日～330日（45歳以上65歳未満の障害者などの就職困難者は最長360日）となっています。なお、自己都合退職（自分から辞める）の場合、失業手当は3カ月後からしかもらえません（後述）。

　近年、非正規労働者の増加とともに加入条件を満たさない労働者、条件を満たしていても加入していない労働者が急増しており、失業のリスクが高い人ほど雇用保険の恩恵を受けられていないという矛盾した状況が生じています。それに対し、未加入者でも利用できる生活給付金付きの職業訓練制度などが新設されるようになり、一定の前進をしました。しかしさらに、雇用保険の加入・受給条件を緩和すること、保険方式ではない税方式の失業扶助制度を設けること、無料の職業訓練制度を充実させることなどが本格的に検討されるべきだといえます。

特定受給資格者および特定理由離職者（いわゆる「会社都合退職」）の場合

区分 ＼ 被保険者であった期間	1年未満	1年以上5年未満	5年以上10年未満	10年以上20年未満	20年以上
30歳未満	90日	90日	120日	180日	―
30歳以上35歳未満	90日	90日	180日	210日	240日
35歳以上45歳未満	90日	90日	180日	240日	270日
45歳以上60歳未満	90日	180日	240日	270日	330日
60歳以上65歳未満	90日	150日	180日	210日	240日

「自己都合退職」の場合

区分 ＼ 被保険者であった期間	1年未満	1年以上5年未満	5年以上10年未満	10年以上20年未満	20年以上
全年齢	―	90日	90日	120日	150日

●失業手当を受給するまでの流れを知りましょう

　まず会社（事業主）は退職日の翌々日から数えて10日以内に、「雇用保険被保険者資格喪失届」と「離職証明書」を公共職業安定所（ハローワーク）に提出しないといけません（雇用保険法施行規則第7条）。「雇用保険被保険者資格喪失届」と「離職証明書」には、労働者本人が署名することになっています。そのとき「離職理由」も確認をしてください。ここで重要なことは、「離職理由」を最終的に判定するのは職業安定所長だということです。もし異議がある場合は申し出て、会社の書いた離職理由を書きかえることができます。契約満了や自己都合で辞めることになっても、状況によっては、会社都合退職と同じような扱いになることもあります。会社都合か自己都合かの基準については厚生労働省の「特定受給資格者及び特定理由離職者の範囲と判断基準」がインターネットで読めるので参照してください。

　その後、職業安定所から会社に交付された「雇用保険被保険者離職票」（離職票の正式な名前）を受け取り、公共職業安定所で「求職の申し込み」をおこなったのち、「離職票」を提出します。その際、身分証明書や印鑑なども必要です。ときどき離職票を（なかなか）出さない会社がありますが、そういうときもハローワークに相談することができます。

　離職票の提出後、受給説明会に出席すると第1回目の「失業認定日」が知らされ、認定日の約1週間後に基本手当が支給されることになります。離職票の提出から手当の支給までの間には待期期間が設けられており、通常は1週間、自己都合退職と懲戒解雇の場合は1週間＋3カ月たったのち失業手当が支払われます。また、受給期間は離職日からカウントされるので、離職票の提出が遅れると手当が支給される日数が減っていくので注意しましょう。そして仕事を探しながら月に一度失業認定を受け、手当を支給されるということを受給期間中繰り返すのです（失業期間中も短期アルバイトなどで働くことは可能ですが、ハローワークに報告をすることが必要です）。

　雇用保険の受給期間は、原則として離職した日の翌日から1年間ですが、その間に病気、ケガ、妊娠、出産、育児等の理由により30日以上働くことができなくなったときは、その働くことのできなくなった日数だけ、受給期間を延長することができます。ですから病気などになったらハローワークに言いましょう。それから、失業中に公共職業訓練を受ける場合、通常の失業手当のほかに、公共職業訓練を受講する手当（1日500円）と通所手当（交通費実費）の2つ（あわせて技能習得手当といいます）ももらえます。また職業訓練を受けるために家族と離れて暮らさないといけない場合、寄宿手当（月額10,700円）もあります。

●社会保険の傷病手当金についても知っておいたほうがいいです

　健康保険に加入している場合、働いているとき（会社に在籍中）に病気やケガになって働けなくなったら、会社を休んだ4日目から、最大1年6カ月の間、傷病手当金をもらえます（ただし、休んだ期間について事業主から傷病手当金の額より多い報酬額の支給を受けた場合には、傷病手当金は支給されません）。休職期間は就業規則に定められた期間によって決まり、期間をすぎて解雇になった場合は会社都合退職になります。退職後も傷病手当はもらえます。またハローワークで求職しているときに、15日以上引き続いて病気やケガで働けない場合、求職活動できないということで失業給付は止まるのですが、傷病手当によって失業手当と同じ額をもらうことができます。

教材17
生活保護のことを知っておこう
働けないときでも生きていくために

ねらい 　就職活動をしていても仕事につけない場合は多いし、働きたくとも働けないということはけっして例外的なことではない。そのような場合、生活保護制度は最も実践的に有効に使えるものである。そこで、この制度のことを知ると同時に、利用の仕方を学び、生徒が偏見をもたないようになることをめざす。

ワークシート❶
生活保護のことを知っておこう

市村さん（27歳）は製造業の派遣労働者として働いてきましたが、雇い止めされ、社員寮からも追い出されました。次の仕事を探そうと何度もハローワークに足を運びましたが、仕事が見つかりません。貯金は使い果たし、所持金は7000円。頼れる親族もいません。このままでは生きていけないと、役所に生活保護の申請に行きました。

● **役所での会話**

市村「あのー、生活保護を受けたいんですけど……」

職員「ああ、でもあなた若そうやねえ。まずね、ハローワークに行って就職活動をしてもらって、それでも仕事が見つからないとき、また相談に来てもらえますか？」

市村「仕事はもうだいぶ前から探してるんですけど、なかなか見つからなくて……」

職員「そうやねー、でもあなた若いし、選り好みしなかったらきっと見つかると思うよ。頑張らないと」

市村「あの、じゃあ、もうだめなんですか。もうお金が7000円ほどしかないんですけど」

職員「そりゃ、厳しいねえ。うーん、ご両親とか、お友達とか、相談してみたらどうかなあ」

市村「親との関係はちょっと……いろいろあって……」

職員「まあ、事情はそれぞれあると思うけど、それはみんなそうだしねえ。今日のところは相談を受けたということで。いろいろ頑張ってみて、だめだったら、また来てくださいよ」

市村「はあ……」

● **質問**　職員とのやりとりを読んで、どう思いましたか？　話し合いましょう。

ワークシート❷
生活保護のことを知っておこう

1 生活保護制度を学ぼう。

★人は、憲法第25条の（あ　**健康で文化的な最低限度の生活**　）が保障される権利をもっています。ところが実際は生活に困ってその水準の生活をできない人がいます。そのとき、国がその人を助けるために、生活費や住宅費を渡す（い　**生活保護**　）という制度があります。病気でなくても、働く能力がある若者でも、生活に困ったとき、誰でも（う　**無差別平等**　）に受けることができます。

★経済的に困窮していたら、近くの役所の担当部署である（え　**福祉事務所**　）に行って、状況を説明して生活保護を（お　**「申請します」**　）と言えば受け付けられて、生活保護を支給するかどうかの調査が開始されます。申請をしに来た人に対して、役所の人がいろいろ言って申請させないというような冷たい対応をとる場合があります。それは（か　**違法**　）です。申請したければ誰でも申請できますし、役所は受理しなくてはなりません。申請書が出されると、原則として（き　**2週間**　）以内に保護開始の可否が伝えられます。保護が決定されると、申請日にさかのぼって生活費などが支給されます。この制度を使うのは憲法で保障された（く　**権利**　）です。しんどいときは、ちゃんとこの生活保護を使って生活を立て直していけばいいのです。

2 市村さんは、生活保護のことを学んで、役所に行きました。下に書いてあるやりとりをロールプレイしてみましょう。

市村「生活保護の申請に来ました」
職員「生活保護？　まだお若いようですけど、もうハローワークとか行かれましたか？」
市村「ハイ、行ってます。でも、今日は生活保護の申請に来たのでその手続きをお願いします」
　　　（いろいろ聞かれたあと、最後のほうで）
市村「そういうことですので、もうお金がなくて生活に本当に困っているので、すぐに生活保護費を出していただきたいと思って来ました。申請書を書きたいので書かせてください」
職員「大変な状況はわかりましたが、まず、社会福祉協議会に行って生活資金を借りるということをしていただきたいのですが。ハローワークで求職しているという証明書も持ってきてほしいんですけど」
市村「いや、今日は申請に来たので、申請して帰ります。申請書を出してください。詳しい弁護士さんに聞いてきたので、ちゃんと対応をお願いします。疑問があるなら、その弁護士さんに電話して話してくださいますか」
職員「わかりました。ではこの申請用紙に書いていってもらえますか」

ワークシート❸
生活保護のことを知っておこう

1 正しいものには○を、間違っているものには×をつけましょう。

1) 生活保護制度を使うのは、国民の権利なので、他者が生活保護受給者を批判するのはまちがっている。（ ○ ）
2) 生活保護は、60歳以上の人しかもらえない。（ × ）
3) 生活保護は、自分の親と暮らしていたらもらえない。（ × ）
4) 生活保護は、野宿の人は使えない。野宿の人は、まず病院に行くか施設に収容されなくてはならない。（ × ）
5) 生活保護の条件にあてはまらない人は申請できない。（ × ）
6) 生活保護の申請があってから原則として2週間以内に保護を開始するか、申請を却下するかを福祉事務所は決めなくてはならない。（ ○ ）
7) 生活保護を受給している人は働いてはいけない。働いたら自動的に生活保護は停止される。（ × ）
8) 貯金が5万円ほどあり、毎月のバイトも2万円ほどあるとき、生活保護は受給できない。（ × ）
9) 親と関係が悪くなっていて、親から援助してもらえないとき、一人暮らしでお金がない人は、生活保護を受給できる。（ ○ ）
10) 生活保護の申請には一人で行かなくてはならない。（ × ）
11) 手持ちのお金が本当にほとんどなくて食べることができないとか、住む家がない、明日寮を追い出されるなどの緊急時には、その日のうちに保護を決定することが必要とされている。（ ○ ）

2 ロールプレイをやってみて感じたことを書いてみましょう。

3 生活に困ったときでも、生活保護を受けるのは甘えたことなのか、よくないことなのか、話し合ってみましょう。

4 生活保護を利用したいなと思ったとき、一人で対応するのでなく、どういうところに相談して手伝ってもらうといいか、まとめましょう。

教師用解説

●生活保護制度とは？

　生活保護制度については、本書10頁の「労働法と生活保護法の基礎知識」も参照してください。生活保護制度は、憲法第25条の「健康で文化的な最低限度の生活」が保障されることを目的として、国が生活に困っている人を助けるために、生活費や住宅費を支給する制度です。病気でなくても、働く能力がある若者でも、生活困窮に陥った理由や過去の理由がどうでも、その時点でお金がないならば、誰でも無差別平等に受けることができます。

　具体的には、生活に困ったときに支給され、その人が生活保護支給基準（都会で一人暮らしだと12万円程度）の生活ができるようにお金が支給されるというようになっています。家族の人数とか、病気や障害があるかどうか、年齢、子どもの数、子どもの年齢・障害などで変わってきます。

●手続き方法

　経済的に困窮していたら、近くの役所（そのなかの担当部署、福祉事務所）に行って、状況を説明して「生活保護を申請します」と言えば、申請できます。職員のなかには意地悪な人もいて、親切に生活保護が使えるように教えてくれず、申請に来た人をほかの所に行くよう誘導して生活保護を申請させないようにすることもあります。ですから、かならず「生活保護を申請します」といって申請書を書いて提出することが必要です。

　申請書が出されると、調査のうえで、2週間以内に保護が決定され開始されます。実際は、さらに2週間延ばして1カ月以内というところがあります。

●何がもらえるか？

　基本的に、毎月の生活費がでます。賃貸住宅なら、家賃も出ます。何も持ち物がなければ、最初に布団や調理道具など家財道具をそろえるお金がでます。アパートを借りるときには、敷金代、引っ越し代がでます。病気のときには無料で医療を受けられる券がもらえます。子どもがいるときの教育費が無料になったり安くなったりします。所得税や住民税は非課税になり、国民年金保険料やNHK受信料なども免除となります。

●この制度への正しい理解を

　この制度には偏見や誤解が蔓延しており、世間体を気にし、恥の感覚があることで使わない人がたくさんいます。不正受給がある、医療費が増大する、勤労意欲が減退する、自立自助の精神を抑制し甘えを助長するといった批判がなされます。この制度のこと（受給条件、手続き）をよく知らず自分が利用できると思っていない人もいます。

　しかし、生活保護制度は、社会的に弱い立場に追い込まれた人にとっては、現実的に役に立つ大事な制度です。若くて元気そうに見えても、とにかく今、生活が困窮しているということで使える制度なので、格差社会で十分に経済的に安定していない多くの人にとっては、とても役に立

つ制度だと知っておき、必要なときは遠慮なく使いましょう。この制度を使うのは甘えではなく権利なのです。

　生徒のみなさんは、将来に不安がある人もいるでしょう。でも最後の最後にはこうした助け舟の制度があるので、いざというときにも大丈夫だよ、と知っておいてください。ひどすぎる労働条件のところで我慢しすぎて病気になったり過労死しないでください。失業が続いているとか、病気で仕事ができないとか、親との仲がよくないとか、親やパートナーから虐待されているなどのときに、絶望的になって自殺したり犯罪に走らないでください。しんどいときは、ちゃんとこの生活保護を使って生活を立て直していけばいいのです。

　仕事を少ししていても非正規などで低収入ならこの制度で不足分を補えます。収入が安定的に保護費を上回るまでは利用できます。「安定的に」という意味は、数カ月雇用が継続するか様子を見る、それまでは保護を廃止はしないということです。就職できたからすぐに保護廃止とはならないということです。仕事探しなどを十分していないという理由などでも、突然、口頭で生活保護が停廃止されるものでもなく、保護停廃止に至るには、文書での指示（注意・指導）および弁明の機会の付与という手順をふむ必要があります。したがって、収入が不安定なときに辞退届を安易に書く必要はありません。

　なお、日本弁護士連合会（日弁連）は、生活保護法を抜本的に改正すべきという立場で、「生活保護法改正要綱案―権利性が明確な『生活保障法』に」を提起しています。そこでは水際作戦を不可能にする、権利性を明確にする、保護基準決定の民主的コントロール、ワーキングプアに対する積極的支援などの改正を主張しています。詳しくは日弁連のホームページを参照してみてください。

●相談先

　役所に行ってうまくいかないときには、この制度に詳しい人に一緒に行ってもらうと、うまくいきます。この制度に詳しい人の見つけ方ですが、インターネットや電話帳などで調べて、各地の生活保護支援法律家ネットワークや1人でも入れるユニオンとか、反貧困ネットワーク、ホームレス総合相談ネットワーク、生活と健康を守る会、生活保護問題対策全国会議、弁護士会のなかの反貧困活動をやっている人などに連絡してみるといいでしょう。電話の「よりそいホットライン」という所でも聞いてもらえます。日本司法支援センター（法テラス）を利用することで、申請者に経済的負担を求めることなく、法律家の支援を受けることができるという制度もあります。

水商売・セックスワーク・AV強要

　水商売・性風俗と呼ばれるような飲食関係の領域や「性が商品化された」領域があり、そのまわりにホステス、ホスト、風俗嬢、キャバクラ嬢、ガールズバー店員、セックスワーカー、アダルトビデオ俳優、グラビアアイドルといった労働者がいます。合法のものも非合法のものもありますし、賛否両論ある領域ですが、労働問題として考えるとき、今、働いている人の人権や労働権が守られるべきとはいえます。セックスワークを強制することや性暴力／性搾取、性的搾取を目的とした人身売買がダメなのは当然です。「道徳的非難」ではなく「人権擁護」の観点で対処されるべきです。年少者の保護として、深夜業の禁止や酒席に侍する業務が禁止されていることをふまえつつも、高校中退や卒業後の元生徒が相談してきたときにどう接するべきかという視点で先生方も身近な問題として考えていただきたいと思います。

　私は、今、働いている人にスティグマ（負の烙印）を貼って非難するのでなく、風俗労働・セックスワークなどをすることで現実的に生き延びている人がいることに配慮し、今、働いている人の搾取が減る、スティグマが減る、身体的・健康的・精神的に安全に働ける、やめたいときにやめられるといったことが大事だと思います。募集条件が守られない、セクハラがある、不法な罰金があるなどといったことに対して、法律を使って労働者の人権が守られるようになるべきです。日本でも最近、個人加盟ユニオンに加入し、団交などを通じて未払い賃金などを取り返す活動をしている風俗労働者がいます（フリーター全般労働組合のなかのキャバクラユニオン03-3373-0180　など）。

　セックスワーク（売買春）については、売買春合法化、売買春非合法化のほかに、スウェーデンなどで導入されている「北欧モデル」つまり、セックスワークを買う行為は犯罪とするが、セックスワーカーは犯罪者としないという試みもあります。自分の性的権利を学び、メディアによる性情報を批判的に見抜く目をもつ教育も大事でしょう。

　性の商品化についても具体的現実的に考えていかないといけません。日本では、2015年9月に、AV出演問題で画期的な判決が出されました。芸能プロダクションが、AVへの出演を断った女性に高額の違約金支払いを求めた訴訟で、プロダクションの敗訴が確定したのです。女性はよくわからないまま契約書に署名捺印し「集団強かん」的な作品に出演させられました。もうこれ以上AV作品に出たくないといった女性に対し、プロダクション側は契約書をたてにとってあと9本出ろ、出ないなら2460万円払えといったのです。

　このようなことがよくある業界で多くの女性が苦しんできたのですが、今回の判決で、このような契約は「出演者の意に反してこれに従事させることが許されない性質のもの」であるから無効で違約金を払う必要がないとされたのです。この裁判によって、AV制作現場でおこなわれているひどい性搾取や性暴力が可視化されました。業界側からも自主的に公正な体制にしようという動きも出ています。詳しくは、この種の相談も受けているPAPS（ポルノ被害と性暴力を考える会）や人身取引被害者サポートセンター　ライトハウスのウェブサイトを見てください。

コラム12 若者の政治参加──経済にデモクラシーを

　投票できる年齢が18歳まで下がる一方、高校生の政治活動の事前届け出制が話題になるなど、若者の政治参加に対する注目が高まっています。しかし選挙に参加することだけが民主主義ではありません。例えば、路上に出てビラを配ったりデモをおこなったりすることも、民主主義を実現する重要な行動です。選挙は数年に一回しかやってきませんが、路上での活動は自分（たち）の望むタイミングや方法でおこなうことができます。デモの申請も、警察署に行けば無料で簡単にできます（印鑑を持っていったほうがいいです）。

　また、労働者の生活と切っても切りはなせない職場という場においても、労働者の声を反映させることができます。例えば、使用者は就業規則をつくるときや残業をさせるために三六（サブロク）協定を結ぶとき、労働者の代表の意見を聴いたりしなければなりません。この労働者の代表は、過半数の労働者が加入している組合があればその労働組合、労働者の過半数で組織する労働組合がないときは労働者の過半数を代表する者であり、後者は選挙で選ばれることになっています。労働者代表選出選挙の投票権は、もちろん非正規労働者にもあります（ただし、当該事業所に雇用されていない派遣労働者や請負労働者には残念ながら投票権はありません）。なので法律上は、職場の民主的な運営のための制度はあるのです。

　しかし、労働者代表や選出選挙のことは多くの人に知られていません。非正規労働者に投票権があることも知られていません。もしこの制度が厳密に運用されるようになれば、日本の職場はもちろん、経済のあり方も大きく変わるでしょう。

●オススメの教材・資料

- 『フツーの仕事がしたい』（土屋トカチ監督作品／2008年／70分／DVD）
　セメント輸送運転手の過酷な労働実態と労働者が団結することの力を見せつけられる作品。こんなひどい職場があるのかと思うと同時に、労働組合ってここまでできるのかと感じます。
- 『メトロレディーブルース』（ビデオプレス作品／2013年／26分／DVD）
- 『続・メトロレディーブルース』（ビデオプレス作品／2014年／40分／DVD）
　東京メトロの売店で働く非正規雇用の女性たちの組合活動を追った作品。「働くことが怖くなくなった」という感想を書いてきた生徒もいました。
- 労働相談センター・スタッフ日記（http://blog.goo.ne.jp/19681226_001）
　たくさんの相談事例を読むことができ、日本の職場の生々しい実態を知ることができます。
- 『ダンダリン一〇一（イチマルイチ）』（漫画・鈴木マサカズ／原作・とんたにたかし／モーニングコミック／講談社）
　労働基準監督官が主人公の漫画です。ドラマ化もされました。現実とのギャップは大きいですが（教材14参照）、働く人のために働く監督官の役割がわかります。

● **オススメの相談先**

　労働問題にかぎらず生活上の困った問題については、親身になって相談にのってくれるところが必ずあります。生徒には、「いい相談先は必ずある。最初に行った所がダメでもあきらめずに、なんとか見つけよう」と伝えてください。

- 首都圏青年ユニオン　03-5395-5359　union@seinen-u.org
- フリーター全般労働組合（キャバクラユニオン）　03-3373-0180（火曜日19時～21時／土曜日14時～17時）　union@freeter-union.org
- フリーターユニオン福岡　090-9980-2106
- LBGTと女性のためのリソースセンター「QWRC」
  「LGBTI」当事者や家族、友人のための電話相談（労働相談も受け付けています）
  毎週第1月曜日　19：30～22：30
  電話相談専用番号　06-6585-0751
- 関西学生アルバイトユニオン　http://kanuni.jimdo.com
- 奨学金問題対策全国会議　03-5802-7015
- 過労死防止全国センター　http://www.stopkaroshi.net
- ブラック企業被害対策弁護団　http://black-taisaku-bengodan.jp
- プレカリアートユニオン　http://www.precariat-union.or.jp

「ユニオンぼちぼち」

　関西非正規等労働組合「ユニオンぼちぼち」は、京都と大阪を中心に活動している労働組合です。これまで不当解雇や賃金未払い、パワハラ・セクハラや労災などについての労働相談に応じ、会社と交渉をしたり行政機関に働きかけたりすることによって解決してきました。メンタルヘルスやセクシュアルマイノリティ（性的少数者）の労働問題にも取り組み始めています。相談や加入を希望される方は、下記まで連絡をください。

　また組合の雰囲気を知りたい方には、毎月第4土曜日17時から開かれる交流会「定例カフェ」への参加をおすすめします。場所は月によって変わるので、お問い合わせください。

◉ 労働相談日（相談無料・秘密厳守）

【京都】
　毎週土曜日　13時～18時　　電話　075-681-6904
　〒601-8015　京都市南区東九条上御霊町64-1　アンビシャス梅垣ビル1F

【大阪】
　毎週月曜日　15時～20時（休日は相談を休みます）　　電話　06-6647-8278
　〒557-0002　大阪市西成区太子2-1-2

＊メールでの相談　botiboti@rootless.org　　FAX　06-6485-3882
＊HP　http://rootless.org/botiboti/
＊ブログ　http://unionbotiboti.blog26.fc2.com/

おわりに

　ユニオンの活動にかかわるようになって実感したのが「法の下の平等」です。例えば法律の条文が、それを1分前に知った人と何十年も経験のある弁護士とで変わるということはありません。確かに解釈や判例には気をつけなければいけませんが、条文に違反したことをしていれば法律違反なのであり、最終的には条文にどう書いてあるかということが重要なのです（もっと大切なことは「これはおかしい」と思える感覚であり、「おかしい」と思ったことはたいてい法律違反です）。

　今、私は労働運動にかかわり会社と団体交渉をする立場にありますが、何か資格をもっているわけでも労働法について体系的に勉強したわけでもありません。しかしそんな自分でも、大小さまざまな会社や弁護士と対等に交渉することができています。まさか自分が労働運動にかかわることになるなんて思っていなかったので、最初に交渉担当者になったときは自分にできるか不安でした。しかし相談者と協力し、先輩や仲間に教わりながらやってみたら何とかできて、「やればできるもんなんだなあ。法律ってすごいなあ」と思いました。この法律や労働運動との距離感、「あなたにもできる」ということを多くの人たちに伝えたいというのが執筆の動機です。

　一方ユニオンの活動にかかわっていると、働く人にとって権利を訴えることは本当に大変なことなのだという現実も見せつけられます。仮にいろいろな法律で守られていることやさまざまな制度を使えることがわかっていたとしても、生活への不安や会社への恐怖、社会に対するあきらめから声を上げることをためらう人がほとんどです。「どうせ言っても無駄だろう」「かえってつらい思いをするだけだ」と考えてしまうのです。また、そうした思いを人々に抱かせる制度的・心理的な壁が、残念ながら社会には多く存在します。だから労働者の権利や使える制度を一般的に説明するだけでなく、具体的な場面でどのようにしたら壁を取り除くことができるのかも教材にとって大切なテーマだと考えました。そこでロールプレイにくわえ、「夢をかなえるためには法律違反も我慢しないといけないのか」といった論点について生徒同士で話し合ってみる時間も設けました。

　「辞めてほしい」と言われたとき、簡単には同意せず「解雇理由を書面でください」と言えるかどうかで人生が変わります。会社は大きな存在ですから言えなくても仕方ありません。しかし「もしも」のとき声が出るかどうか、予想される反応に対しきちんと反論できるかどうか、早めに準備をしておくことはけっして損ではありません。そしてこうした実践的な教材こそ、今の10代にとって何よりの希望や励ましになると考えます。なぜなら、彼ら彼女らが飛び込んでいく労働市場の現実を見たとき、声を上げ闘っていかなければ生きていくことはむずかしいだろうと感じるからです。しかしその闘いは人を蹴落とす「戦い」ではなく、共に守り合う「闘い」です。若者をとりまく現実から目をそらさない教材を作り上げたという自負があります。ぜひ使ってください。

（橋口昌治）

「夢はかなえるために見るものだ。違うかい？　大学？　行けよ。調理師専門学校でもいいが、大学でついでに経営も学べば、将来自分の店も出すとき役立つだろう。金がないなら出してやるよ。現場での職業訓練も受けたほうがいいな。その間は医療保険も給料もほしいだろう？」（堤未果『報道が教えてくれないアメリカ弱者革命』海鳴社）。これはアメリカで言葉巧みに貧困層の若者を軍へと誘うリクルーターの言葉だそうです。憲法第9条をもつ日本では現実味のない話ですが、教え子を戦場ではなく厳しい労働環境に送り出している、と6年前の「おわりに」に書きました。しかし、奨学金が返済できずに自己破産に追い込まれる若者のケースが1万件を超える現状で、安全保障関連法が成立し、いよいよ日本でも「経済的徴兵制」がすぐそばに迫っているように感じます。若者を取り巻く環境はますます厳しくなっていますが、一人でも多くの若者が本書を活用して、「武器」ではなく、仲間とつながることで、平和で安心して働くための「完全装備」をすることを願っています。また、本書では日本の労働法に準拠していますが、国際労働基準から考えるワークを作成し、『地球市民の人権教育―15歳からのレッスンプラン』（肥下彰男・阿久澤麻理子編著、解放出版社）に所収しました。あわせて活用してください。

（肥下彰男）

　格差問題・貧困問題を少し学んでも、非正規とかになったら怖いと思って、だからこそ就活を頑張っていい会社で正社員になりたいと思うようなことになっていることがあります。「努力しても差がつかない『結果の平等』になったら私は働かない。競争があるからこそ頑張れるし成長できる。頑張ったものが儲けられるのはよいことだし、経営者はボランティアのために会社を開いたのではない。格差是正は、まじめに働いている人への不公平になる」というような意見を書く学生たちがたくさんいます。キャリア教育がそういう意見を再生産するようなものになっていいものでしょうか。私は、いい大学に行き、いい会社に入り、いい給料をもらい、いい人と結婚して物質的に裕福な生活を送るということをめざす価値観によって人が序列化されている社会を「主流秩序社会」と呼んでいます。多くの学生さんはこの秩序への適応ばかりを考えています。サバイバルの具体策は教えられず、したがってやりがいある自己実現できる仕事に就けないのは自己責任だというような価値観をもってしまっています。能力を個人のものとだけ見て、みなで幸せになるとか、みなのために貢献するのが自分のしたいことと思うような思考回路と感性が奪われている人が多いです。主流秩序に沿わない生き方があってもいいんじゃないか、できるんじゃないかと思っていないのです。私は何とかそこに、本当に主流秩序への適応しかないのかな？　と問いを投げかけています。労働者の権利教育が、そうした自分の生き方を見直すものになればいいなと思っています。こうした私の教育スタンスは、拙著『閉塞社会の秘密―主流秩序の囚われ』（アットワークス、2015年）、「すべての子どもたちに『労働者の権利』教育を」（労働教育センター刊『女も男も』117号、2011年）、拙稿「"エリートでない者"がエンパワメントされる教育」岩川直樹・伊田広行編著『貧困と学力』（明石書店、2007年）に書いてあります。よかったら参考にしてください。

（伊田広行）

著者紹介

橋口昌治（はしぐち しょうじ）
「ユニオンぽちぽち」書記長。非常勤講師など。
著書 立岩真也・村上慎司・橋口昌治『税を直す』青土社、2009年。『若者の労働
　　運動―「働かせろ」と「働かないぞ」の社会学』生活書院、2011年
執筆…教材4～7・14～16、コラム2・7～9・12

肥下彰男（ひげ あきお）
大阪府立今宮高等学校教員。
著書 大阪府立西成高等学校『反貧困学習―格差の連鎖を断つために』（共著）解
　　放出版社、2009年、『地球市民の人権教育―15歳からのレッスンプラン』（共
　　著）解放出版社、2015年
執筆…教材1～3・8、コラム1

伊田広行（いだ ひろゆき）
立命館大学大学院・先端総合学術研究科非常勤講師。「ユニオンぽちぽち」執行委
員。DV加害者プログラムNOVO主宰。男性相談等各種相談員。
著書 『デートＤＶ・ストーカー対策のネクストステージ―被害者支援／加害者対
　　応のコツとポイント』解放出版社、2015年、『閉塞社会の秘密―主流秩序の
　　囚われ』アットワークス、2015年など
執筆…労働法と生活保護法の基礎知識、教材9～13・17、コラム3～6・10・11

協力者（弁護士、社労士）
在間秀和／永嶋里枝／養父知美／安由美／大橋さゆり／七堂眞紀／普門大輔／大山
弘通／中川拓／浅野直樹

新版〈働く〉ときの完全装備──15歳から学ぶ労働者の権利

2016年11月30日　初版第1刷発行

著　者　橋口昌治・肥下彰男・伊田広行Ⓒ

発　行　株式会社 解放出版社
　　　　552-0001　大阪市港区波除4-1-37　HRCビル3F
　　　　TEL 06-6581-8542　FAX 06-6581-8552
　　　　東京営業所　千代田区神田神保町2-23　アセンド神保町3F
　　　　TEL 03-5213-4771　FAX 03-3230-1600
　　　　振替 00900-4-75417　ホームページ　http://kaihou-s.com

印刷・製本　モリモト印刷株式会社

ISBN978-4-7592-6773-0　NDC375　127P　26cm
定価はカバーに表示しております。落丁・乱丁はおとりかえします。

....

テキストデータの提供について
テキストデータをご希望の方は、下記のテキストデータ引換券（コピー不可）を同
封し、住所、氏名、メールアドレス、電話番号をご記入のうえ、下記までお申し込
みください。メールの添付ファイルでテキストデータを送ります。なお、データは
テキストのみで、写真などは含まれません。
あて先：552-0001　大阪市港区波除4-1-37　HRCビル3F　解放出版社
　　　　『〈働く〉ときの完全装備』テキストデータ係